Reichsgerichts-Entscheidungen

in kurzen Auszügen

Zivilsachen — Band 161

1940

J. Schweitzer Verlag, Berlin und München

Reichsgerichts-Entscheidungen

in kurzen Auszügen

Zivilsachen Band 161

1 9 4 0

J. Schweitzer Verlag, Berlin und München

Printed in Germany

Druck von Dr. F. P. Datterer & Cie., Freising-München.

Von dieser Sammlung erschienen folgende Bändchen:

I. Zivilsachen:	Bd. 76—100	. . .	je RM.	0.80
	„ 101—140	. . .	je RM.	1.—
	„ 141—155	. . .	je RM.	2.—
Serien:	„ 76—155	mit 3 Reg.	zus. RM.	76.—
	„ 81—155	83—119	zus. RM.	71.—
		120—130		
	„ 91—155	131—140	zus. RM.	61.—
	„ 101—155		zus. RM.	53.—
	„ 111—155		zus. RM.	43.—
	„ 121—155	mit 4 Reg.	zus. RM.	33.—
	„ 131—155		zus. RM.	28.—
Gesamtregister zu	Bd. 83—119	. . . . .	RM.	6.—
Gesamtregister zu	Bd. 120—130	. . . . .	RM.	1.80
Gesamtregister zu	Bd. 131—140	. . . . .	RM.	1.50
Gesamtregister zu	Bd. 141—150	. . . . .	RM.	1.50
II. Strafsachen:	Bd. 45—55	. . .	je RM.	0.80
	„ 56—64	. . .	je RM.	1.—
	„ 65—71	. . .	je RM.	2.—

Serie: Bd. 45—71 mit Ges.-Reg. zu Bd. 45—60 zus. RM. 27.—

Gesamtregister zu Band 45—60 . . . . . RM. 3.70

Jedes Bändchen entspricht einem Bande der amtlichen Sammlung.

1. Gewährleistung. Schadenersatz. Verzicht. Beweislast. (ÖstABGB. §§ 922, 928, 1045, 1324, 1331, 1332.) S. wollte von M. ein Grundstück im Tauschweg erwerben; V. überließ ihm zu diesem Zweck ein Grundstück. Der Notar trug Bedenken, das Geschäft als Tausch zu verbriefen; er beurkundete zwei Kaufverträge. M. klagte gegen S. und V. auf Minderung des Kaufpreises wegen Gewährleistung für Mängel und auf Schadenersatz. Das Erstgericht gab dem Begehren auf Minderung des Kaufpreises teilweise statt. Das Berufungsgericht wies die Klage gegen V. ab, weil nur S. als Vertragsgegner des M. in Frage komme. Das Reichsgericht verwies die Sache an das Erstgericht zurück. Der Wille der Streitteile ging von Anfang an dahin, daß die beiden Grundstücke gegeneinander getauscht werden sollten. Die vom Notar gewählte Form des Vertrags war gleichgültig; es spielte auch keine Rolle, daß das eine Grundstück nicht dem S., sondern dem V. gehörte. Welche Gründe V. veranlaßten, das Grundstück S. zur Verfügung zu stellen, und welche Rechtsgeschäfte zwischen ihnen abgeschlossen wurden, war für die Entscheidung belanglos. Die beiden Kaufverträge bildeten eine untrennbare Einheit, wenn auch die eine Parteirolle zwischen zwei Personen aufgeteilt war (gespaltener Vertrag). Demzufolge hatte auch V. Gewährleistung und allenfalls Schadenersatz zu leisten. Die Gewährleistung unterscheidet zwischen bekannten und unbekannten Mängeln. Der Kenntnis steht die Erkennbarkeit gleich, wenn die Mängel in die Augen fallen. Für bekannte Mängel wird nur im Falle ausdrücklicher Zusage oder arglistigen Verschweigens gehaftet. Der Kläger hatte also, wenn er Gewährleistung verlangen wollte, den Bestand des Mangels bei der Übergabe des Grundstücks zu beweisen. Der Beklagte konnte einwenden, daß der Mangel augenfällig sei. Demgegenüber konnte der Kläger sich auf arglistiges Verschweigen oder Zusage wegen Mängelfreiheit berufen. Ein Verschulden ist für die Gewährleistung nicht erforderlich, wohl aber, wenn über die Gewährleistung hinaus Schadenersatz verlangt wird. Soweit es sich um Schaden und nicht um entgangenen Gewinn handelt, genügt jedes Verschulden; andernfalls ist auffallende Sorglosigkeit erforderlich. Die Beklagten hatten Verzicht des Klägers auf Gewährleistung behauptet. In dieser Hinsicht war vor allem der Umfang der Verzichtserklärung festzustellen. Es war denkbar, daß sich der Verzicht nur auf leicht erkennbare oder solche Mängel erstrecken sollte, die häufig vorkommen und in den Kauf genommen, aber auch schon bei der Preisbildung berücksichtigt werden. Der Verzicht kann sich auch auf ganz außergewöhnliche Mängel erstrecken; für eine solche Annahme ist aber entweder eine vollkommen klare Willensäußerung oder ein besonderer Grund (z. B. sehr niederer Preis) erforderlich. (VIII, 15. Juni 1939.) Amtl. Sammlg. S. 1—6.

2. **Vergleich. Vertrag zugunsten Dritter. Schenkung. Form.** (ÖstABGB. §§ 881, 943, 1380; ÖstG. vom 25. Juli 1871 betreffend das Erfordernis der notariellen Errichtung einiger Rechtsgeschäfte.) O. gab F., seinem Schwiegersohn, im Jahre 1929 ein Darlehen von 150000 Kronen tschechischer Währung; der Betrag wurde auf dem Hause des F. hypothekarisch gesichert. Bei der Hingabe des Darlehens stellte O. in Aussicht, daß er den Betrag später seiner Tochter, der Frau des F., schenken werde. Im Jahre 1937 kam es zu einer Vereinbarung, wonach F. sich verpflichtete, 75000 Kronen zu zahlen, wogegen O. die Hypothek zu diesem Betrage löschen lassen und den Restbetrag auf seine Tochter übertragen sollte; O. weigerte sich aber, die hierüber ausgestellte Urkunde zu unterzeichnen. F. klagte auf Erfüllung der Vereinbarung. In zwei Rechtszügen drang die Klage durch. Das Reichsgericht wies sie ab. Die Annahme der Untergerichte, daß die Vereinbarung als ein nicht formbedürftiger Vergleich über streitige Ansprüche anzusehen sei, ließ sich nicht halten. Es war weder streitig noch zweifelhaft, daß der Kläger dem Beklagten 150000 Kronen aus einem Darlehen schuldig war; der Kläger machte nur den Versuch, den Beklagten dazu zu bewegen, die Hälfte dieser Forderung seiner Tochter abzutreten. Das vom Beklagten formlos abgegebene Versprechen war sowohl im Verhältnis zum Kläger als auch im Verhältnis zu dessen Frau unentgeltlich, bedurfte also der für Schenkungen vorgeschriebenen notariellen Beurkundung; da diese fehlte, war es ungültig. Der Kläger hatte ausgeführt, daß die Vereinbarung nur als eine Mitteilung aufzufassen sei, daß der Beklagte die Hälfte seiner Forderung an seine Tochter abgetreten habe. Da es sich um eine Hypothekenforderung handelte, wäre die außer-

bücherliche Abtretung unwirksam gewesen; aber auch wenn sie wirksam gewesen wäre, hätte nicht der Kläger, sondern nur dessen Frau Anspruch auf formgerechte Übertragung der Forderung gehabt. (VIII, 15. Juni 1939.)

Amtl. Sammlg. S. 6—10.

3. **Anfechtung eines Erbvertrags. Feststellung der Ehegültigkeit.** (ÖstZPO. § 190; EheG. §§ 27, 28, 120, 121.) Eine im Jahre 1897 nach österreichischem Recht geschlossene Ehe wurde 1910 von Tisch und Bett geschieden. Im Jahre 1927 ging der Ehemann eine Dispensehe ein; im Jahre 1929 schloß er mit seiner nunmehrigen Ehefrau einen Erbvertrag ab, wodurch sie sich gegenseitig als Erben einsetzten. Nachdem die Frau gestorben war, kam im Jahre 1934 zwischen ihrer Schwester und dem Witwer ein Vertrag zustande, wodurch die Schwester ihn als Alleinerben anerkannte. Im Jahre 1937 beantragte die Schwester, die Ehe des Witwers mit ihrer Schwester für ungültig zu erklären, weil er schon im Jahre 1912 eine zweite Ehe geschlossen habe, die im Jahre 1927 noch in Bestand gewesen sei. Das Verfahren wurde unter Hinweis auf § 121 EheG. eingestellt. Nun klagte die Schwester auf Feststellung der Ungültigkeit ihres Erbverzichtes und auf Ausfolgung des Nachlasses. Die Klage wurde auf die Ungültigkeit der Ehe des Beklagten mit der Schwester der Klägerin und weiter darauf gestützt, daß der Kläger seine Ehefrau zum Abschluß des Erbvertrags durch die Vorspiegelung bewogen habe, er sei ein polnischer Fürst und habe großes Vermögen. In zwei Rechtszügen wurde die Klage mit Rücksicht auf den Erbverzicht der Klägerin abgewiesen. Das Reichsgericht verwies die Sache an das Erstgericht zurück. Die Annahme, daß die Gültigkeit der Ehe des Beklagten mit der Schwester der Klägerin von niemand mehr angefochten werden könne, erklärte das Reichsgericht für unrichtig. Nach der Behauptung der Klägerin war der Beklagte zur Zeit des Abschlusses der Ehe mit ihrer Schwester schon gültig verheiratet; die Ehe mit ihrer Schwester war also keine Dispensehe. Allerdings konnte die Ungültigkeit der Ehe in diesem Verfahren nicht berücksichtigt werden. Solange eine Ehe nicht durch rechtskräftiges Urteil für ungültig erklärt worden ist, äußert sie volle Rechtswirkungen. Es geht nicht an, daß über die Gültigkeit einer Ehe in einem anderen Rechtsstreit als

Vorfrage entschieden wird; die Entscheidung kann nur in dem besonderen Eheverfahren mit Wirkung für und gegen jedermann ergehen. Es fehlte auch an einer gesetzlichen Handhabe zu einer Unterbrechung des gegenwärtigen Verfahrens zum Zwecke der Untersuchung der Gültigkeit der Ehe. Die Einleitung eines Ungültigkeitsverfahrens von Amts wegen, die nach österreichischem Recht von jedem Gericht veranlaßt werden konnte, wenn die Frage der Gültigkeit einer Ehe für die Entscheidung eines Rechtsstreits von Wichtigkeit wurde, ist seit dem Inkrafttreten des Ehegesetzes nicht mehr zulässig. Die vom Beklagten nach der Behauptung der Klägerin im Jahre 1912 geschlossene Ehe stand zudem der Gültigkeit der Ehe mit der Schwester der Klägerin nicht im Wege, da sie nach österreichischem Rechte ungültig war. Die Klage war aber auch darauf gestützt, daß der Erbvertrag zwischen der Schwester der Klägerin und dem Beklagten durch falsche Vorspiegelungen erwirkt worden sei. Darnach beruhte dieser Vertrag auf einem Irrtum, den die zur gesetzlichen Erbfolge berufene Klägerin als Rechtsnachfolgerin ihrer Schwester geltend machen konnte; auch war diese Irreführung der Erblasserin ein Grund, den Erbverzicht der Klägerin für unverbindlich zu erklären. (VIII, 19. Juni 1939.)

Amtl. Sammlg. S. 10—12.

4. **Abwesenheitskurator. Ausgeding.** (ÖstABGB. § 276; ÖstZPO. § 116.) Eine Frau, die ein ländliches Anwesen besaß, überließ dieses im Jahre 1932 ihrem Sohne; in einem Vertrag wurde vereinbart, daß sie auf Lebenszeit die Benutzung einer Wohnung bei freier Heizung, Beleuchtung und Reinigung, weiter Kost und Verpflegung, Reinigung der Wäsche, der Kleider und Schuhe zu beanspruchen habe. Im Jahre 1935 klagte die Frau auf rückständige Leistungen aus dem Ausgeding; sie brachte für den Tag 3 Sch. 50 Gr. in Anrechnung. Gleichzeitig mit der Klage stellte sie den Antrag, ihrem Sohn einen Abwesenheitskurator zu bestellen; zur Begründung legte sie eine Bestätigung der Gemeinde vor, daß dessen Aufenthalt unbekannt sei. Dem Antrag wurde stattgegeben. Zu der auf die Klage anberaumten Tagsatzung erschien der Kurator nicht; es erging Versäumnisurteil, das rechtskräftig wurde. Die Frau erwirkte die Beschlagnahme des

Anwesens, starb aber, ehe es zur Versteigerung kam. Alsbald nach ihrem Tode fand sich ihr Sohn wieder ein. Er erhob gegen die Verlassenschaft eine Klage auf Nichtigerklärung des Versäumnisurteils; diese wurde abgewiesen. Das Zwangsvollstreckungsverfahren wurde eingestellt, nachdem der Sohn an den Nachlaß den verlangten Betrag gezahlt hatte. Diesen Betrag verlangte er vom Abwesenheitskurator ersetzt mit der Behauptung, dieser habe seine Pflichten vernachlässigt, da er keine Nachforschungen nach seinem Aufenthalt angestellt habe und bei der Verhandlung über die Klage seiner Mutter nicht erschienen sei. Das Berufungsgericht gab der Klage teilweise statt. Das Reichsgericht wies sie ab. Als Abwesenheitskurator hatte der Beklagte allerdings die Pflicht, nach dem Aufenthalt des Klägers zu forschen; er hatte das auch getan, aber keine Auskunft erhalten. Nachdem er als Ruhestandsbeamter an einem anderen Orte als dem früheren Wohnsitz des Klägers lebte, konnte ihm kein Vorwurf daraus gemacht werden, daß er weitere Nachforschungen nicht anstellte, sondern auf die Bestellungsurkunde und die ihr zugrunde liegende Bestätigung der Gemeinde, daß der Aufenthalt des Klägers unbekannt sei, vertraute. Das Ausbleiben in der Tagsatzung konnte ihm nicht als Verschulden angerechnet werden, da das Vorbringen der Mutter des Klägers, das zufolge seines Ausbleibens als wahr dem Urteil zugrunde gelegt wurde, mit dem Vertrag, den sie mit dem Kläger geschlossen hatte, übereinstimmte; daß die darin vereinbarten Ausgedingsreichnisse nie geleistet worden waren, hatte der Kläger nicht bestritten. Das Vorbringen des Klägers, daß der Vertrag zwischen ihm und seiner Mutter nur ein Scheingeschäft gewesen sei, da seine Mutter das Haus weiter benutzte und die Mietzinse für sich verwandte, konnte seiner Klage zu keinem Erfolg verhelfen. Die Behauptung eines Scheingeschäfts hätte vielleicht die Wirkung gehabt, daß dem Kläger das Haus verloren gegangen wäre; es kann aber nicht als Pflicht des Kurators angesehen werden, Einwendungen zu erheben, die einen Nachteil für den Vertretenen nach sich ziehen könnten. Ob der Betrag von 3 Sch. 50 Gr. täglich für das Ausgeding angemessen war, hatte das Gericht nach freiem Ermessen zu würdigen; die Angemessenheit eingeklagter Beträge gehört auch im Säumnisverfahren nicht zu den Tatsachen, die der Richter für wahr zu halten hat. (VIII, 22. Juni 1939.) Amtl. Sammlg. S. 10—18.

5. **Ehescheidung. Gerichtsstand. Inland.** (EheG. § 55; ZPO. § 606; Öst. Jurisdiktionsnorm [JN.] vom 1. August 1895 §§ 76, 100; EGzJN. Art. X.) Ein Reichsdeutscher, der in Wien wohnte, heiratete eine tschechoslowakische Staatsangehörige; diese wurde durch die Eheschließung Deutsche. Das Paar wohnte längere Zeit in Berlin. Im Jahre 1930 trennten sie sich; der Ehemann zog wieder nach Wien, die Ehefrau in ihre frühere Heimat. Auf Grund des § 55 EheG. erhob der Ehemann Scheidungsklage beim Landgericht Wien. Dieses lehnte seine Zuständigkeit ab, da die Ehegatten ihren letzten gemeinsamen Wohnsitz nicht im Inland im Sinne der österreichischen Prozeßgesetze gehabt hätten, auch nicht Inländer in diesem Sinne seien. Das Landgericht Berlin erklärte sich gleichfalls für unzuständig, da der Ehemann seinen allgemeinen Gerichtsstand in Wien habe. Das Reichsgericht erklärte das Landgericht Berlin für zuständig. Es war für die Entscheidung berufen, da es für die beiden angerufenen Gerichte gemeinsames Obergericht war. Mit Recht hatte das Landgericht Wien den Begriff des Inlands und des Inländers auf das Gebiet des für Österreich geltenden Prozeßrechts beschränkt. Für die Auffassung des Landgerichts Berlin, das den Begriff im politischen und staatsrechtlichen Sinne auffaßte, fehlte die rechtliche Grundlage; sie griff über das Anwendungsgebiet der Prozeßgesetze hinaus und verletzte den Territorialgrundsatz, indem sie die Zuständigkeit im Anwendungsgebiet der österreichischen Gesetze nach den Gesetzen des Altreichs als gegeben annahm. (IV, 26. Juni 1939.) Amtl. Sammlg. S. 18—19.

6. **Entschuldung. Anfechtbarkeit von Vereinbarungen.** (VO. vom 17. November 1931 §§ 18, 19; BGB. §§ 2079, 2281.) Ein Gut im Osthilfegebiet, das zwei Brüdern gehörte, sollte umgeschuldet werden. Die Osthilfe verlangte, daß die beiden Brüder sich über ihre Anteile an dem Gut, über die Streit bestand, einigen sollten. Sie schlossen daraufhin einen Erbvertrag, worin der eine, der ledig war, dem anderen, ersatzweise dessen männlichen Nachkommen, seinen Miteigentumsanteil an dem Gut vermachte. Einige Jahre nach der Durchführung der Umschuldung ging er eine Ehe ein und focht den Erbvertrag

an mit der Begründung, daß seine Ehefrau darin übergangen sei. Der andere Bruder klagte auf Feststellung, daß die Anfechtung nicht begründet sei. In allen Rechtszügen wurde die Klage abgewiesen. Freiwillige Forderungsnachlässe, Zinsermäßigungen und Stundungen in einem bestätigten Entschuldungsplan sind jeder nachträglichen Anfechtung entzogen. Auf den Erbvertrag konnte aber diese Vorschrift nicht bezogen werden; er war ebensowenig Bestandteil der Entschuldung wie die Rechtsgeschäfte, durch welche die entschuldeten Eigentümer das Grundstückseigentum oder die Entschuldungsgläubiger ihre Forderungen erworben hatten, obgleich die dadurch geschaffene Rechtslage die Voraussetzung und Grundlage der Entschuldung war. Die Annahme eines stillschweigenden Verzichts des Beklagten auf ein etwaiges Anfechtungsrecht war rechtlich einwandfrei verneint worden. (IV, 26. Juni 1939.) Amtl. Sammlg. S. 19—23.

7. **Feuerversicherung für fremde Rechnung. Gefahrerhöhung.** (VersVertrG. §§ 23, 61.) Ein Gebäude war zum Betrieb einer Baumwollweberei verpachtet. Der Inhaber der Weberei nahm sowohl für das Gebäude als für die Einrichtung Feuerversicherung; im Versicherungsschein war angegeben, in wessen Eigentum das Gebäude stand. Als es abbrannte, klagte die Eigentümerin des Gebäudes, der der Inhaber der Weberei seine von zahlreichen Gläubigern gepfändeten Ansprüche insoweit abgetreten hatte, gegen die Versicherungsgesellschaft auf Deckung des Gebäudeschadens. Das Berufungsgericht wies die Klage ab. Die Revision der Klägerin hatte keinen Erfolg. Gegen die Annahme des Berufungsgerichts, daß die Versicherung der Gebäude für Rechnung der Klägerin als Eigentümerin genommen worden sei und daß diese darum mit Zustimmung des Versicherungsnehmers berechtigt sei, die Brandentschädigung insoweit aus eigenem Recht zu verlangen, bestand kein Bedenken. Die Abweisung der Klage war erfolgt, weil der Inhaber der Weberei durch verschiedene Maßnahmen die Gefahr erhöht hatte. Eine nachträgliche Gefahrerhöhung ist jede tatsächliche, nach dem Beginn der Versicherung eintretende erhebliche Änderung der gegebenen Gefahrenlage, wenn sie den Eintritt des Versicherungsfalls wahrscheinlicher macht. Was im einzelnen darunter fällt, ist Tatfrage. Bei deren Prüfung ist zu

beachten, ob die Veränderung allgemein oder nach den den Betrieb des betreffenden Versicherungszweigs beherrschenden Anschauungen dem Versicherer vernünftigerweise hätte Anlaß bieten können, die Versicherung aufzuheben oder nur gegen erhöhte Beitragsleistung fortzusetzen. Der Versicherungsnehmer hatte an Stelle von Klafterholz, das sich zur Zeit des Abschlusses des Versicherungsvertrags in den gemieteten Räumen befand, Reisigbündel eingebracht. Die Annahme des Berufungsgerichts, daß diese leichter entzündlich waren als das Klafterholz, und daß damit eine Gefahrerhöhung eingetreten war, die sich die Versicherungsgesellschaft nicht gefallen zu lassen brauchte, beruhte im wesentlichen auf tatsächlichen Erwägungen, die der Revision nicht zugänglich waren, ließ aber auch nicht ersehen, daß der Rechtsbegriff der Gefahrerhöhung verkannt war. Auch die Annahme, daß der Versicherungsnehmer die Erheblichkeit der Gefahrerhöhung erkannt und damit schuldhaft den Versicherungsvertrag verletzt habe, ließ keinen Rechtsirrtum, insbesondere keine Überspannung des Schuldbegriffs, erkennen. Die Vorschrift des § 25 VersVertrG., wonach die Leistungspflicht des Versicherers bestehen bleibt, wenn die Gefahrerhöhung keinen Einfluß auf den Eintritt des Versicherungsfalls und den Umfang der Leistung des Versicherers gehabt hat, war nicht außer acht gelassen worden. Durch die schuldhafte Verletzung der Obliegenheiten des Versicherungsnehmers war die beklagte Gesellschaft auch gegenüber der Klägerin als der Versicherten von der Verpflichtung zur Leistung frei geworden. Bei der Versicherung für fremde Rechnung hat der Versicherungsnehmer gegenüber dem Versicherer rechtlich keine andere Stellung als bei der Versicherung für eigene Rechnung; er hat alle gesetzlichen und vertraglichen Pflichten als Vertragsgegner im eigenen Namen zu erfüllen; seine Vertragsverletzung und seine Verstöße gegen diese Pflichten lösen die gleichen Folgen aus, wie sie bei der eigenen Versicherung eintreten würden. Soweit dadurch die Rechte aus der Versicherung nachteilig beeinflußt werden, trifft diese Folge unmittelbar auch den Versicherten; dieser kann Rechte aus der Versicherung immer nur so erwerben, wie der Versicherungsnehmer sie gestaltet hat. Der Versicherungsnehmer war wegen vorsätzlicher Brandstiftung angeklagt, aber freigesprochen worden; das Berufungsgericht hatte gleichwohl angenommen, daß er den Brand vorsätzlich gelegt habe. Der Auffassung, daß die Klägerin auch die aus einer vorsätzlichen Brandstiftung sich ergebende Leistungsfreiheit der Versicherungsgesellschaft gegen sich gelten lassen müsse, trat das Reichsgericht bei. (VII, 27. Juni 1939.) Amtl. Sammlg. S. 23—29.

Vgl. Bd. 73 S. 359; Bd. 117 S. 327; Bd. 150 S. 48.

8. **Warenzeichen. Typenzeichen. Unterlassungsklage. Unzulässige Rechtsausübung.** (WZG. §§ 15, 24, 25; Unl. WG. §§ 1, 3.) Für eine Aktiengesellschaft, die elektrische Zähler und Meßgeräte herstellte, war für diese das Warenzeichen SSW eingetragen. Eine G. m. b. H., die eine Instandsetzungswerkstätte betrieb und in dieser in fremdem Auftrag elektrische Zähler ausbesserte und umbaute, auch gebrauchte Zähler aufkaufte und nach Überholung, zum Teil auch Umänderung auf andere Leistungen wieder in den Verkehr brachte, bot in Werbeschriften und Preislisten Ersatzteile für Zähler der Aktiengesellschaft, außerdem auch Zähler der Aktiengesellschaft, die sie unter Verwendung eigener Ersatzteile instandgesetzt und umgebaut hatte, zum Kauf an, ohne dabei kenntlich zu machen, daß es sich nicht um Ersatzteile aus dem Betriebe der Aktiengesellschaft oder um Geräte handelte, die mit anderen als diesen Ersatzteilen umgebaut waren. Unter der Überschrift „Die besten Ersatzteile für Zähler sämtlicher Fabrikate" war eine Abbildung verschiedener Ersatzteile gebracht, von denen einige das Warenzeichen der Aktiengesellschaft erkennen ließen. In einem Falle war an Stelle des ursprünglich vorhanden gewesenen Typenzeichens W 8 das Zeichen W 8* angebracht worden. Auf der Wiedergabe eines Leistungsschildes war neben dem Warenzeichen der Aktiengesellschaft auch das Systemzeichen der Physikalisch-Technischen Reichsanstalt, bestehend in einem stilisierten S, wenn auch unter Weglassung der Systemnummer, dargestellt, ebenso bei der Abbildung eines mit dem Warenzeichen der Aktiengesellschaft versehenen Zählers. In einem Falle war ein Zähler der Aktiengesellschaft für eine andere Leistung umgebaut und in der Weise abgeändert worden, daß das Leistungsschild der Aktiengesellschaft, auf dem deren Warenzeichen und das Systemzeichen mit der Systemnummer angegeben war, durch ein anderes ersetzt wurde, das ebenfalls das Warenzeichen der Aktiengesell-

schaft und das Systemzeichen ohne Systemnummer enthielt; in einem anderen Falle war das Leistungsschild der Aktiengesellschaft durch eine nicht von dieser herrührende Zählwerksblende mit deren Warenzeichen und Systemzeichen ohne Systemnummer ersetzt worden. Die Aktiengesellschaft folgerte daraus, daß die G. m. b. H. sich ihrer Warenzeichen in einer Weise bediene, die eine Gefahr der Täuschung des Verkehrs begründe, und erhob Klage auf Unterlassung und Schadenersatz. Das Landgericht gab der Klage insoweit statt, als es der Beklagten verbot

1. in ihrem Betrieb instandgesetzte Zähler und Meßgeräte der Klägerin unter Belassung des darauf angebrachten Warenzeichens und Typenzeichens der Klägerin anzubieten, feilzuhalten oder in den Verkehr zu bringen, ohne gleichzeitig durch Anbringung eines gesonderten, in räumlichem Zusammenhang mit dem Leistungsschild der Klägerin stehenden Schildes (Reparaturschildes) in deutlicher Weise auf die Instandsetzung oder Änderung hinzuweisen;

2. Leistungsschilder mit den Firmen- und Warenzeichen der Klägerin an Zählern und Meßgeräten der Klägerin neu anzubringen außer im Zusammenhang mit dem unter 1 bezeichneten Reparaturschilde;

3. nicht beglaubigte Zähler und Meßgeräte, gleichgültig welcher Herkunft, mit einem nicht ausdrücklich verliehenen Systemzeichen der Physikalisch-Technischen Reichsanstalt, mit oder ohne Systemnummer, zu versehen, feilzuhalten oder zu verbreiten.

In entsprechendem Umfang wurde auch die Schadenersatzpflicht der Beklagten festgestellt. Das Berufungsgericht verwarf die Berufung der Klägerin und wies die Klage ab. Das Reichsgericht verwies die Sache zurück.

1. Die Klägerin hatte selbst nicht behauptet, daß die Beklagte ihr Warenzeichen auf anderen Zählern als auf solchen, die von der Klägerin stammten, angebracht habe. Die vorbeugende Unterlassungsklage setzt voraus, daß eine Rechtsverletzung schon stattgefunden hat oder zum mindesten ernstlich droht. Die bloße Möglichkeit, daß die Beklagte das Warenzeichen der Klägerin auch auf Zählern anbringe, die nicht von dieser stammten, genügte nicht, um darauf einen Abwehranspruch zu gründen. Das Berufungsgericht hatte das Verlangen der Klägerin auch in-

insofern nicht für gerechtfertigt erachtet, als es die Anbringung oder Belassung ihrer Warenzeichen auf Zählern betraf, die von ihr herrührten. Nach ihren Verkaufsbedingungen lehnte die Klägerin die Gewähr für einwandfreie Beschaffenheit und Arbeitsweise ihrer Zähler ab, wenn die von ihr angebrachte Verschlußplombe verletzt oder beseitigt war. Nach der Auffassung des Berufungsgerichts bekundete sie damit, daß ihr Warenzeichen in solchen Fällen keine Gewähr mehr gebe; daraus hatte es gefolgert, daß das Zeichen insoweit seine Bedeutung verliere und auf den von der Klägerin stammenden Zählern belassen oder erneut angebracht werden könne, wenn diese von fremder Hand geöffnet worden seien. Diese Ausführungen hielten einer rechtlichen Nachprüfung nicht stand. Das Warenzeichen hat die Aufgabe, eine Gewähr für die Herkunft der Ware aus einem bestimmten Betrieb zu geben. Die damit verbürgte Gleichmäßigkeit der Ursprungsstätte berechtigt den Verkehr zu der Annahme, die mit dem Zeichen versehenen gleichartigen Waren seien auch von gleichbleibender Beschaffenheit und damit von gleicher Güte. Diese Gewähr ist nicht gleichbedeutend mit einer gesetzlichen oder rechtsgeschäftlichen Haftung des Lieferers für Sachmängel. Sie wird nicht erst durch einen Vertragsschluß begründet, sondern erwächst aus dem Vorhandensein des Zeichens an der Ware ohne weiteres und richtet sich an die Allgemeinheit, der die mit dem Zeichen versehene Ware als aus einem bestimmten Betriebe stammend und deshalb von gleicher Güte empfohlen werden soll. Hieraus ergibt sich, daß die Klägerin ihrer Rechte aus dem Warenzeichen nicht schon damit verlustig ging, daß sie in ihren Verkaufsbedingungen eine Haftung für die Beschaffenheit ihrer Zähler von der Unversehrtheit der daran angebrachten Plombe abhängig machte. Für die Bedeutung ihres Zeichens kam es allein darauf an, wie der Verkehr das an der Ware angebrachte Zeichen beurteilte. Dabei ist davon auszugehen, daß sich der Gewährinhalt des Warenzeichens nicht in der Inverkehrsetzung der gekennzeichneten Ware erschöpft; der Berechtigte muß auch in der Folgezeit in der Lage sein, sich einer richtigen Verwendung seines Zeichens versichert zu halten, denn nur so ist er dagegen geschützt, daß die von ihm herrührende Ware verändert und so unter dem Schutz seines

Zeichens dem Verkehr erneut zugeführt wird. Das Reichsgericht hat es in ständiger Rechtsprechung als eine Verletzung des Warenzeichenrechts betrachtet, wenn jemand mit dem Zeichen des Inhabers versehene Waren aufarbeitet, um sie dann mit dem alten Zeichen oder, wenn dieses unkenntlich geworden oder bei der Aufarbeitung beseitigt worden ist, unter Erneuerung des bisherigen Zeichens in den Verkehr zu bringen; er würde auf diese Weise dem Zeicheninhaber eine Gewähr zumuten, die er nicht übernehmen wollte, nämlich für die nicht unter seiner Überwachung aufgearbeitete Ware. Diese Grundsätze gelten freilich nicht uneingeschränkt. Häufig berührt die Vornahme eines Eingriffs die wirtschaftliche Beschaffenheit der Ware so wenig, daß von einer Verletzung des Rechts des Zeicheninhabers nicht gesprochen werden kann; so etwa, wenn Schäden, die durch den Gebrauch der Ware entstanden sind, beseitigt oder Teile der Ware, die unbrauchbar geworden sind, erneuert werden. In diesen Fällen kann der Bearbeiter der Ware davon ausgehen, daß ihr Hersteller gegen eine Beibehaltung oder Wiederanbringung des Zeichens nichts einzuwenden hat. Zeichenrechtlich nicht zu beanstanden ist ferner das Belassen oder Wiederanbringen eines Warenzeichens an einer aufgearbeiteten Ware, wenn diese nicht bearbeitet worden ist, um in Verkehr gesetzt zu werden. Ein unzulässiger Zeichengebrauch kommt endlich auch nicht in Frage, wenn die Belassung oder Wiederanbringung des fremden Zeichens an der bearbeiteten Ware überhaupt nicht warenzeichenmäßig geschieht, also nicht geeignet ist, vom Verkehr als Hinweis auf die Herkunft der so bezeichneten Ware aus einem bestimmten Betrieb aufgefaßt zu werden, wenn also nur zum Ausdruck gebracht wird, welcher Herkunft die Ware vor der Bearbeitung gewesen ist. Hienach machte sich die Beklagte grundsätzlich einer widerrechtlichen Verletzung des Zeichenrechts der Klägerin schuldig, wenn sie von dieser stammende und mit ihrem Zeichen versehene Zähler aufarbeitete, um sie unter Belassung des alten oder nach Anbringung eines neuen Zeichens in Verkehr zu setzen. Da es sich um empfindliche Meßgeräte handelte, deren Genauigkeit und Zuverlässigkeit schon durch geringe Änderungen beeinflußt werden kann, mußte der Klägerin daran gelegen sein, sich für jeden Eingriff durch fremde Hand die Prüfung vorzubehalten, ob das Gerät dann noch geeignet war, unter ihrem Warenzeichen in den Verkehr gebracht zu werden. Hatte die Beklagte schon danach keinen Grund, auf ein Einverständnis der Klägerin mit ihrem Vorgehen zu schließen, so kam noch dazu, daß die Klägerin ein (allerdings erfolgloses) strafrechtliches Einschreiten gegen den Geschäftsführer der Beklagten veranlaßt und es abgelehnt hatte, der Beklagten Leistungsschilder, die mit ihrem Warenzeichen versehen waren, zu liefern. Ein Eigengebrauch des aufgearbeiteten Zählers lag nicht vor, wenn der Auftraggeber diesen nicht nur für sich verwendete, sondern im Rahmen seines Gewerbebetriebs, wenn auch ohne Veräußerung, anderen zugänglich machte, ihn etwa an Stromabnehmer gelangen ließ, denen daran lag, ihren Strom nach Abmessung durch einen Zähler zu bezahlen, der ihnen vermöge seiner Herkunft Gewähr für ein einwandfreies und genaues Arbeiten gab. Eine warenzeichenmäßige Benutzung des Warenzeichens der Klägerin lag nicht vor, wenn die Beklagte die von ihr aufgearbeiteten Zähler in einer Aufmachung in den Verkehr brachte, die das darauf befindliche Warenzeichen der Klägerin dermaßen entkräftete, daß der Verkehr darin nicht mehr eine Herkunftsbezeichnung im Sinne des Warenzeichenrechts, sondern nur noch die Mitteilung erblickte, daß der Zähler in seiner ursprünglichen Form von der Klägerin stammte. Da die Beklagte davon absah, durch einen ausdrücklichen Vermerk an dem Zähler selbst auf die von ihr bewirkte Umarbeitung hinzuweisen, konnte dafür nur der Umstand in Betracht kommen, daß sie die mit dem Warenzeichen der Klägerin versehene Plombe entfernte und durch die eigene Plombe ersetzte, außerdem auch ihr eigenes Warenzeichen (SZG) anbrachte. Ob diese Merkmale genügten, um den Verkehr über das Fehlen einer warenzeichenmäßigen Bedeutung des Zeichens der Klägerin aufzuklären, war noch zu prüfen. Dabei war zu beachten, daß das Warenzeichen der Beklagten weit weniger bekannt war als jenes der Klägerin und bei der Übereinstimmung der Anfangsbuchstaben die Annahme zuließ, es handle sich um die Bezeichnung eines Unternehmens, das zur Klägerin in nahen Beziehungen stand und darum befugt sei, deren Warenzeichen zu verwerten. Vollends unhaltbar war die Annahme, die Beklagte dürfe auch Zählerersatzteile, die nicht von der Klägerin stammten, mit deren Warenzeichen versehen und in den Verkehr bringen; ein solches Verhalten wäre nur dann nicht zu beanstanden gewesen, wenn die Anbringung des Zeichens nur an solchen Zählern geschehen wäre, die zum Eigengebrauch bestimmt waren.

2. Soweit die Klägerin der Beklagten das Belassen oder Wiederanbringen ihrer Typenzeichen verboten wissen wollte, ging das Berufungsgericht davon aus, daß es sich bei diesen Zeichen nicht um ein Mittel zur Verdeutlichung der Herkunft des Geräts aus einem bestimmten Betrieb, sondern um einen Hinweis darauf handelte, nach welcher der von der Beklägerin herausgebrachten Zählerarten es gebaut sei. Es hatte unlauteren Wettbewerb für den Fall anerkannt, daß die Beklagte die von ihr umgebauten Zähler mit Typenbezeichnungen versehen hatte, die deren Bauart nicht entsprachen. Es war aber nur ein solcher Fall nachgewiesen und auch hier hatte es sich möglicherweise um ein Versehen gehandelt. Die Revision hatte dagegen eingewendet, daß das Typenzeichen infolge seiner ausschließlich der Klägerin vorbehaltenen Benutzung vom Verkehr zugleich als Kennzeichen für die Herkunft der Ware angesehen werde. Für den Fall, daß dies zutraf, erklärte das Reichsgericht, daß der Unterlassungsanspruch der Klägerin nicht nur nach wettbewerblichen Gesichtspunkten, sondern auch wegen eines ihr zustehenden Ausstattungsrechts begründet sein könnte. Ob unlauterer Wettbewerb anzunehmen war, hing wesentlich davon ab, ob die Vorkehrungen der Beklagten ausreichten, um die zeichenmäßige Wirkung der an den Zählern belassenen oder wieder angebrachten Zeichen der Klägerin zu beseitigen. In diesem Falle war auch für die Annahme eines Wettbewerbsverstoßes kein Raum.

3. Auch wenn übrigens der Beklagten die Weiterverwendung der Warenzeichen der Klägerin nicht verwehrt werden könnte, hätte sie doch alles zu tun, um eine Irreführung des Verkehrs über die Herkunft der Ware zu verhüten.

4. Hinsichtlich des Systemzeichens hatte das Berufungsgericht angenommen, daß ein Systemzeichen ohne Systemnummer inhaltlos sei und nicht etwa besage, daß ein so bezeichneter Zähler einem beglaubigungsfähigen System

zugehöre. Die Klägerin hatte aber eine Verfügung der Physikalisch-Technischen Reichsanstalt überreicht, die schon das Anbringen des Systemzeichens ohne Systemnummer als unzulässig bezeichnete. Mit dieser Verfügung hätte sich das Berufungsgericht auseinandersetzen müssen. Die Annahme, daß die Belassung des Systemzeichens ohne Systemnummer zu einer Täuschung des Publikums über die Beglaubigungsfähigkeit des Zählers führen könne, war um so weniger von der Hand zu weisen, als andernfalls nicht ersichtlich wäre, weshalb die Beklagte Wert darauf legte, das Systemzeichen ohne die Systemnummer auf den von ihr umgearbeiteten Zählern beizubehalten.

5. Die Beschaffung von Leistungsschildern der Klägerin, ihre Ausfüllung und Anbringung auf den bearbeiteten Zählern, das Angebot, die Feilhaltung und den Verkauf solcher Leistungsschilder hatte das Berufungsgericht als erlaubt angesehen. Das Reichsgericht trat dieser Auffassung nicht bei. Die Entscheidung hing eng damit zusammen, ob und in welcher Weise der Beklagten gestattet war, die Warenzeichen der Klägerin, deren Typenzeichen und Systemzeichen auf den von ihr bearbeiteten Zählern zu belassen oder wieder anzubringen. Handelte sie damit widerrechtlich, so konnte sie auch nicht befugt sein, Leistungsschilder zu verwenden, auf denen sich jene von ihr zu Unrecht benutzten Angaben befanden. Ihr Vorgehen wäre auch dann nicht entschuldbar, wenn sie durch Vorschriften des Vereins Deutscher Elektrotechniker gehalten gewesen wäre, auf den von ihr aufgearbeiteten Zählern ein Leistungsschild mit Angabe der Herstellerfirma und der technischen Leistungen des Zählers anzubringen; zur Angabe der Herstellerfirma bedurfte sie nicht der Wiedergabe des Warenzeichens.

6. Daraus, daß die Klägerin selbst Leistungsschilder, wie sie sie zur Kennzeichnung der von ihr hergestellten und in den Verkehr gebrachten Zähler verwandte, an Kraftwerke und andere Unternehmungen abgab, konnte die Beklagte nicht folgern, die Klägerin sei mit der Verwendung solcher Schilder auch durch sie einverstanden; daß dies nicht der Fall war, ergab sich schon daraus, daß die Klägerin sich weigerte, solche Schilder an die Beklagte abzugeben. Sie konnte aus dem Verhalten der Klägerin gegen sie auch nicht den Einwand herleiten, dieses Ver-

halten sei rechtsmißbräuchlich. Es mußte der Klägerin überlassen werden, wem sie die Benutzung ihrer Leistungsschilder gestatten wollte. (II, 28. Juni 1939.)

Amtl. Sammlg. S. 29—52.

Vgl. Bd. 99 S. 93; Bd. 100 S. 267; Bd. 103 S. 359; Bd. 110 S. 236; Bd. 124 S. 273.

9. Wucherdarlehen. Ungerechtfertigte Bereicherung. (BGB. §§ 138, 812, 817; GVG. § 137.) Der VII. Zivilsenat des Reichsgerichts hatte die Frage, ob der Gläubiger eines Wucherdarlehens den hingegebenen Betrag aus dem Gesichtspunkt der ungerechtfertigten Bereicherung zurückfordern könne, mit der Begründung verneint, daß es nach der gegenwärtigen geläuterten, die Gesinnung weit mehr als bisher betonenden Rechtsauffassung heraus gerechtfertigt erscheine, wenn der Gesetzgeber dem Leistenden einen Anspruch nimmt, der ihm durch die sachliche Sitten- oder Verbotswidrigkeit mit der entsprechenden Folge der Nichtigkeit entstanden ist. Von dieser Entscheidung wollte der V. Zivilsenat abweichen und legte darum dem Großen Senat für Zivilsachen die Angelegenheit vor. Dieser entschied die Frage in folgender Weise:

1. Bei einem nach § 138 Abs. 2 BGB. nichtigen Darlehen wird dem Darlehensgeber durch die Vorschrift des § 817 Satz 2 BGB. die Rückforderung der Darlehenssumme nicht schlechthin verwehrt; er kann aber den darlehensweise hingegebenen Betrag trotz der Nichtigkeit des Darlehensvertrags nicht früher zurückverlangen, als es bei dessen Gültigkeit geschehen könnte.

2. Gleiches gilt, wenn ein gegen übermäßiges Entgelt gewährtes Darlehen deswegen nach § 138 Abs. 1 BGB. nichtig ist, weil sich der Darlehensgeber böswillig der Erkenntnis der mißlichen Lage des Darlehensnehmers verschlossen hat.

Nach § 817 BGB. ist der Empfänger einer Leistung, der durch die Annahme gegen ein gesetzliches Verbot oder gegen die guten Sitten verstoßen hat, zur Herausgabe verpflichtet. Die Rückforderung ist ausgeschlossen, wenn dem Leistenden gleichfalls ein solcher Verstoß zur Last fällt. Der zweite Satz legt nicht nur eine Ausnahme von dem ersten fest, sondern stellt eine allgemeine Regel für alle Arten von Bereicherungsansprüchen auf, nicht beschränkt auf den Fall, daß sowohl dem Leistenden als dem Empfänger der dort bezeichnete Verstoß zur Last fällt. Beim Darlehenswucher wird dieser Tatbestand darin verwirklicht, daß die Leistung des Wucherers an den Bewucherten jenem den Genuß der Wuchervorteile einbringen soll. Das Sittenwidrige liegt beim Wucherer nicht allein darin, daß er sich übermäßige Vorteile versprechen läßt; eine derartige Trennung der Hingabe des Darlehens vom verwerflichen Gewinn, der dadurch erzielt werden soll, ist nicht möglich. Die Leistung, die der Wucherer zum Zweck der Erzielung des Wuchergewinns macht, besteht darin, daß er dem Darlehensempfänger die vorübergehende Nutzung des Kapitals überläßt. Für diese vorübergehende Kapitalnutzung werden entsprechende Gegenleistungen vereinbart. Die spätere Rückzahlung eines gleichen Geldbetrags ist keine Gegenleistung, sondern nur die notwendige Folge davon, daß dem Darlehensnehmer von vornherein das Kapital nur vorübergehend überlassen werden sollte. Diese vorübergehende Überlassung des Kapitals zur Nutzung kann demgemäß der Wucherer nicht zurückverlangen. Er muß also dem Bewucherten trotz Nichtigkeit des Darlehensgeschäfts das Kapital so lange belassen, wie es bei Gültigkeit des Geschäfts der Fall sein würde, also bei einem auf bestimmte Zeit vereinbarten Darlehen für diese Zeit, sonst mit Einhaltung der vereinbarten oder gesetzlichen Kündigung. Wollte man dem Bewucherten das Recht zugestehen, die Kapitalrückzahlung dauernd zu verweigern, so würde ihm ein Vermögensvorteil zugewendet, der in nichts begründet wäre. Für die Zeit, während deren der Wucherer dem Bewucherten die Kapitalnutzung lassen muß, hat er keinen Anspruch auf Zinsen oder sonstige Vergütungen für die Kapitalnutzung, auch nicht auf Herausgabe gezogener Nutzungen. Die vereinbarten Vergütungen entfallen wegen Vertragsnichtigkeit; die Vorschriften über gesetzliche Zinsen und über die Herausgabe von Nutzungen greifen nicht ein, solange dem Darlehensnehmer die Kapitalnutzung auf Grund der besonderen Bestimmung des § 817 Satz 2 nicht entzogen werden darf. Die Bedeutung dieser Vorschrift als Strafvorschrift auf bürgerlichrechtlichem Gebiete läßt es gerechtfertigt erscheinen, ihr den Vorrang vor anderen Bestimmungen zu geben, um dem Wucherer den Nachteil des Entgangs von Nutzungen zuzufügen, die er mit seinem

seinem verwerflichen Tun im Übermaß erstrebte. Die auf die Rückgewähr des Kapitals gerichtete Bereicherungsforderung des wucherischen Darlehensgebers steht wie alle Schuldverpflichtungen unter der Vorschrift, daß die Leistung so zu bewirken ist, wie Treu und Glauben mit Rücksicht auf die Verkehrssitte es erfordern. Aus diesem Gedanken heraus können sich im Einzelfalle Schonungsmaßnahmen für den Bewucherten ergeben, wie etwa Belassung des Geldes für eine gewisse Zeit, für die er es dringend braucht, je nach Lage der Sache gegen angemessene Vergütung für die weitere Benutzung. Diese Erwägungen treffen gleichmäßig auf alle Fälle zu, in denen Leistung und Gegenleistung in auffälligem Mißverhältnis zueinander stehen und eine verwerfliche Gesinnung des die übermäßigen Vorteile beanspruchenden Teils derart vorliegt, daß er sich böswillig der Erkenntnis der mißlichen Lage des anderen Teils verschließt. Die Grenze zwischen bewußter Ausbeutung und böswilligem Nichtsehenwollen der Lage des Gegners ist so flüssig, daß eine unterschiedliche Behandlung beider Fälle nicht gerechtfertigt wäre. Dagegen stände es nicht im Einklang mit der Bedeutung des § 817 Satz 2 als einer bürgerlichrechtlichen Strafvorschrift, wenn man sie auch auf die minder schweren Fälle anwenden wollte, wo lediglich grobe Fahrlässigkeit des Darlehensgebers in Nichterkenntnis der mißlichen Lage des anderen Vertragsteils vorliegt. (Großer Senat für Zivilsachen, 30. Juni 1939.) Amtl. Sammlg. S. 52—61.
Vgl. Bd. 70 S. 1; Bd. 71 S. 433; Bd. 91 S. 359; Bd. 135 S. 376; Bd. 150 S. 1; Bd. 151 S. 70.

10. Urteilsverkündung. (ZPO. §§ 310, 349.) In einer Handelssache war das Urteil von der ordnungsmäßig besetzten Kammer beschlossen und von den mitwirkenden Richtern unterschrieben worden; verkündet wurde es von dem Vorsitzenden als Einzelrichter in dem in der letzten mündlichen Verhandlung hiefür anberaumten Termin. Das Berufungsgericht hatte sich nicht veranlaßt gesehen, deshalb den Rechtsstreit an das Gericht des ersten Rechtsganges zurückzuverweisen, zumal die Parteien den Mangel der Verkündung nicht gerügt hatten. Auch im Revisionsverfahren wurde der Mangel nicht gerügt; das Reichsgericht prüfte aber von Amts wegen, ob durch den Mangel das Urteil mit einem unheilbaren Nichtigkeitsgrunde be-

haftet worden war. Die Frage wurde verneint. Bei Streitigkeiten über vermögensrechtliche Ansprüche kann der Einzelrichter mit Zustimmung der Parteien an Stelle des Prozeßgerichts entscheiden. Demgemäß muß es den Parteien auch gestattet sein, sich bei Kundgebung einer Entscheidung durch den Einzelrichter zu beruhigen, auch wenn an sich die Verkündung in einem Termin vor dem ordnungsmäßig besetzten Gericht hätte stattfinden sollen, zumal auch im letzteren Falle nicht dieselben Richter am Termin teilzunehmen brauchen, die das Urteil gefällt haben. Zu der Frage, wie die Verkündung eines Urteils durch den Vorsitzenden in einem Rechtsstreite zu beurteilen wäre, dessen Entscheidung die Parteien einem Einzelrichter nicht übertragen können, wurde keine Stellung genommen. (II, 1. Juli 1939.) Amtl. Sammlg. S. 61—64.
Vgl. Bd. 135 S. 118.

11. Nachbarrecht. Sprengungen. (ÖstABGB. §§ 354, 364, 364 a, 366; BGB. § 906; RGewO. § 26.) Auf einem Grundstück, das Eheleuten je zur Hälfte gehörte, betrieb der Ehemann mit behördlicher Genehmigung einen Steinbruch. Bei den Sprengungen wurden wiederholt Steine auf eine benachbarte Wiese geschleudert. Die Eigentümer der Wiese klagten gegen die Eigentümer des anderen Grundstücks auf Unterlassung, hilfsweise auf Schadenersatz. Das Berufungsgericht gab dem Hilfsantrage statt. Das Reichsgericht verurteilte die Beklagten zur ungeteilten Hand, dafür zu sorgen, daß beim Betrieb des Steinbruchs Einwirkungen durch Steinschlag oder Steinsplitter auf die Wiese der Kläger unterblieben. Nach österreichischem Recht kann der Eigentümer einer Liegenschaft Einwirkungen durch Abwässer, Rauch, Wärme, Geräusch, Erschütterungen und ähnliche von einem Nachbargrundstück nicht untersagen, wenn sich die Einwirkungen in gewissen Grenzen halten. Das Zuführen von Sprengsteinen aus einem Steinbruch fällt nicht unter diese Vorschrift; diese gestattet nur mittelbare Einwirkungen, während unmittelbare Zuleitungen ausdrücklich verboten sind. Wenn die Einwirkungen von einem behördlich genehmigten Gewerbebetrieb ausgehen, hat der beeinträchtigte Liegenschaftseigentümer kein Untersagungsrecht, sondern nur einen Anspruch auf Schadenersatz; diese Vorschrift gilt aber nur für die an sich zulässigen Einwirkungen, sofern diese die erlaubten

Grenzen überschreiten. Gegenüber den Störungen, die durch hineingeschleuderte feste Körper entstehen, bleibt das Untersagungsrecht gewahrt. Das Berufungsgericht hatte die Ablehnung eines Untersagungsrechts mit dem Hinweis auf die volkswirtschaftliche Bedeutung eines behördlich genehmigten Steinbruchs begründet. Das Reichsgericht erklärte es für unangängig, die Freiheit des Eigentums zu beschränken, wo gesetzliche Handhaben dazu fehlen. Es gab demgemäß dem Hauptbegehren der Kläger statt, und zwar gegenüber beiden Beklagten. Die Ehefrau hatte ihre Verantwortung abgelehnt, weil sie an dem Steinbruch, zu dem nur ihr Mann die behördliche Genehmigung habe, nicht beteiligt sei. Allein das Untersagungsrecht richtet sich gegen die Eigentümer des Grundstücks, von dem die Störung ausgeht, wenn sie die Einwirkung dulden, obwohl sie berechtigt und befähigt wären, ihr zu steuern. In dieser Lage befand sich die Ehefrau, da ohne ihre Zustimmung der Betrieb des Steinbruchs durch ihren Mann nicht möglich gewesen wäre. (VIII, 29. Juni 1939.)

Amtl. Sammlg. S. 65—67.

12. **Werkvertrag. Dienstvertrag. Auftrag. Übertragung. Geschäftsbesorgung. Gehilfe.** (BGB. §§ 27, 278, 414, 415, 613, 664, 675.) Eine Genossenschaft, die sich mit der Errichtung von Eigenheimen für ihre Genossen befaßte, übernahm gemäß den von ihrem Vorstand und Aufsichtsrat aufgestellten Grundsätzen die Durchführung von Bauvorhaben auf eigene Rechnung und auch als Treuhänderin für ihre Mitglieder. Sie hatte ihren Sitz in D.; in L. unterhielt sie eine Zweigstelle, die von dem Architekten M. geleitet wurde. Mehrere Genossen, die in L. wohnten, beauftragten die Genossenschaft, für sie Eigenheime zu erbauen. Sie erhielten durch die Vermittlung der Genossenschaft Baudarlehen in Höhe von je 14000 *RM*. Die Häuser wurden in den Jahren 1930 bis 1932 erbaut. Die Ausführung der Bauten war M. übertragen worden. Mit der Behauptung, die Häuser wiesen erhebliche Mängel auf, erhoben die Genossen Klage auf Schadenersatz; sie begründeten die Klage damit, daß M. durch mangelnde Beaufsichtigung der Bauausführung den mangelhaften Zustand der Bauten verschuldet habe, und daß die Beklagte selbst es an der Überwachung des M. habe fehlen lassen. Das Landgericht gab den Klagen teilweise statt; das Be-

rufungsgericht wies sie ab. Die Revision der Kläger führte zur Zurückverweisung. Das Landgericht hatte das Vertragsverhältnis zwischen den Klägern und der Beklagten als Werkvertrag angesehen, das Berufungsgericht als Auftrag; das Reichsgericht erklärte es für einen Dienstvertrag, der eine Geschäftsbesorgung zum Gegenstand hatte. An der vom Berufungsgericht vermißten Entgeltlichkeit fehlte es nicht; eine solche war in den satzungsgemäßen Leistungen der Genossen begründet. Für den Auftrag ist in § 664 BGB. vorgesehen, daß im Zweifel die Ausführung des Auftrags einem Dritten nicht übertragen werden darf; ist die Übertragung gestattet, so hat der Beauftragte nur ein ihm bei der Übertragung zur Last fallendes Verschulden zu vertreten. Auf Dienstverträge, die eine Geschäftsbesorgung zum Gegenstand haben, findet diese Vorschrift keine Anwendung. Das Berufungsgericht hatte angenommen, die beklagte Genossenschaft habe die Ausführung des ihr von den Klägern erteilten Geschäftsbesorgungsauftrags nach dem Inhalt des Vertragsverhältnisses auf M. übertragen dürfen und habe darum nur für ein Verschulden einzustehen, das ihr bei der Auswahl des M. oder in seiner Unterweisung zur Last falle, nicht aber für Verschulden des M. und seine Beaufsichtigung. Dieser Annahme war mit dem Wegfall der Anwendbarkeit des § 664 BGB. der Boden entzogen. Die beklagte Genossenschaft hatte sich lediglich des M. als ihres Erfüllungsgehilfen bedient und hatte darum für sein Verschulden nach § 278 BGB. einzustehen. Die Annahme, daß der gesamte Auftrag an M. übertragen worden sei und die Ablehnung einer bloßen Gehilfeneigenschaft des M. hatte das Berufungsgericht darauf gestützt, daß M. die gesamten Arbeiten durchgeführt habe. Der Unterschied zwischen einem Gehilfen des Beauftragten und einem von diesem mit der Ausführung selbst Beauftragten liegt aber nicht in dem Umfang des Aufgabenkreises allein. Maßgebend ist vielmehr, ob der an zweiter Stelle Beauftragte die Geschäfte nunmehr als Selbstbeauftragter in der Art zu besorgen hat, daß er an die Stelle des zuerst Beauftragten tritt, daß dieser also seinerseits aus dem Auftragsverhältnis ausscheidet, und ob das nach dem Inhalt des Vertrags vorgesehen und sonach von dem Auftraggeber gebilligt ist. Ob eine solche Übertragung stattgefunden hat und ob ihre Zulässigkeit vertraglich vereinbart worden ist, muß ganz wesentlich nach der Verkehrssitte beurteilt werden. Im vorliegenden Falle sprach die Verkehrssitte entschieden gegen eine solche Annahme. Jede juristische Person, die eine Geschäftsbesorgung auszuführen hat, muß sich dazu natürlicher Personen bedienen. Verwendet sie hiefür aus Zweckmäßigkeitsgründen andere Personen als jene, die ihre gesetzliche Vertretung bilden, so ist daraus eine Übertragung des Geschäftsbesorgungsauftrags nicht zu entnehmen. Treu und Glauben und insbesondere die Verkehrssitte sprechen in solchen Fällen vielmehr für die Auffassung, daß solche Personen als Gehilfen der juristischen Person tätig werden. Das gilt auch dann, wenn die juristische Person einen geschlossenen Teil der Geschäftsbesorgung einer solchen Person überträgt, mag dieser Teil auch den Kern jener Geschäftsbesorgung bilden. Es wäre verfehlt, daraus, daß der Auftraggeber damit einverstanden ist, seine Zustimmung zu einer Übertragung der Dienstleistungsverpflichtung mit befreiender Wirkung zu entnehmen. (VII, 4. Juli 1939.) Amtl. Sammlg. S. 68—76.

Vgl. Bd. 78 S. 310.

13. **Luftbeförderung. Übergang von Ansprüchen. Erfolghaftung. Machtmißbrauch.** (BGB. §§ 823 ff.; LuftverkG. § 19; Warschauer Abk. Art. 17; RVO. § 1542.) Ein Flugzeug, das einer deutschen Luftfahrtgesellschaft gehörte, stürzte ab. Die Besatzung und der einzige Fluggast (M.) fanden dabei den Tod. Ursache des Absturzes war ein Fehler des Flugzeugs. Die zuständige Berufsgenossenschaft zahlte an die Hinterbliebenen des M. 9770 *RM* aus. Die Luftfahrtgesellschaft hatte bei einer Versicherungsgesellschaft eine allgemeine Fluggast-Unfallversicherung geschlossen; die Versicherungssumme für den Todesfall betrug 25000 *RM*; sie war auszuzahlen, sobald die Flugfahrtgesellschaft eine Bescheinigung vorlegte, aus der sich ergab, daß die Zahlung zur Ausgleichung der Haftungsbestimmungen für Fluggäste, wie sie in den Beförderungsbedingungen festgelegt waren, angenommen werde. Die Hinterbliebenen des M. hatten eine entsprechende Erklärung abgegeben und die Versicherungsgesellschaft hatte daraufhin den Betrag von 25000 *RM* an die Luftfahrtgesellschaft ausbezahlt; diese hatte aber den Betrag zurückbehalten, weil die Berufsgenossenschaft Anspruch dar-

auf erhob. Die Klage der Berufsgenossenschaft wurde in allen Rechtszügen abgewiesen. Voraussetzung für den Übergang der Ansprüche der Hinterbliebenen des M. auf die Klägerin wäre gewesen, daß die Beklagte diesen nach gesetzlicher Vorschrift zum Schadenersatz verpflichtet gewesen wäre. Solche gesetzliche Vorschriften finden sich sowohl im Luftverkehrgesetz als in dem Warschauer Abkommen über die Vereinheitlichung des Luftprivatrechts; in den allgemeinen Beförderungsbedingungen der beklagten Gesellschaft waren aber alle Haftungen ausgeschlossen, die nicht in den Bedingungen ausdrücklich übernommen worden waren. Demgemäß kamen ausschließlich vertragliche Haftungen in Frage. Ein solcher Haftungsausschluß wäre unzulässig, wenn eine Zwangslage der Allgemeinheit für die Benutzung der Fahrzeuge der beklagten Gesellschaft bestände. Als Verstoß wider die guten Sitten, der die entsprechenden Vertragsbestimmungen nichtig macht, ist von der Rechtsprechung anerkannt worden, wenn der Inhaber einer Vormachtstellung diese dazu mißbraucht, dem allgemeinen Verkehr aus Eigennutz unbillige Opfer aufzuerlegen, wenn er insbesondere den Vertragsgegner nötigt, auf ein Schutzrecht zu verzichten, das ihm das Gesetz zugedacht hat. Grundsätzlich kann aber von einem derartigen Mißbrauch nur dann die Rede sein, wenn die angeblich eigennützige Handlung dem jeweiligen Vertragsgegner gegenüber in die Erscheinung tritt und ihm als einem Gliede des allgemeinen Verkehrs unbillige Opfer zumutet. Darum handelte es sich hier aber nicht; die vertragliche Haftung entsprach der gesetzlichen und wurde durch die Unfallversicherung, welche die beklagte Gesellschaft für ihre Fahrgäste genommen hatte, noch verstärkt. Denkbar wäre allerdings, daß auch ein Ausschluß der gesetzlichen Haftung trotz Begründung einer verstärkten vertraglichen Haftung gegen die guten Sitten verstieße, wenn der von beiden Vertragsteilen verfolgte Zweck die Schädigung eines Dritten wäre; das Berufungsgericht hatte aber ausdrücklich festgestellt, daß im gegebenen Falle keine Absicht bestand, der Klägerin den Rückgriff unmöglich zu machen. Das Warschauer Abkommen begründet überhaupt keine gesetzlichen Schadenersatzansprüche. Es ist immer nur auf Grund eines Vertrags über eine zwischenstaatliche Beförderung anwendbar; die Ersatzansprüche, die es vorsieht, können stets nur auf Grund dieses Vertrags erhoben werden. Die Möglichkeit, einen Anspruch, der kein gesetzlicher Schadenersatzanspruch ist, im Rahmen des § 1542 RVO. entsprechend zu behandeln, lehnte das Reichsgericht ab. (VI, 5. Juli 1939.) Amtl. Sammlg. S. 76—86. Vgl. Bd. 99 S. 107; Bd. 103 S. 82; Bd. 106 S. 386; Bd. 115 S. 218; Bd. 117 S. 102.

14. Hagelversicherung. Pachtvertrag. (VersVertrG. §§ 69, 73, 115.) Der Pächter eines Landgutes schloß einen Hagelversicherungsvertrag ab, der bis zum Jahre 1944 laufen sollte. Im Jahre 1937 lief der Pachtvertrag ab. Die Versicherungsgesellschaft war der Auffassung, daß der Versicherungsvertrag weiter gelte. Die Nießbraucherin des Gutes klagte mit Erfolg auf Feststellung, daß dies nicht zutreffe. Bei Veräußerung einer versicherten Sache geht kraft ausdrücklicher Vorschrift der vom Veräußerer geschlossene Versicherungsvertrag auf den Erwerber über; das gleiche gilt für den Fall der Zwangsversteigerung. Daraus kann aber nicht geschlossen werden, daß auch ein vom Pächter oder Mieter einer Sache über sie geschlossener Versicherungsvertrag den Eigentümer bindet, wenn dieser die Sache zurückverlangt; solche Verträge wirken vielmehr grundsätzlich nicht über die Dauer des Pacht- oder Mietvertrages hinaus. Es geht nicht an, aus den eine Ausnahmeregelung darstellenden Vorschriften der §§ 69, 115 VersVertrG. einen allgemeinen Grundsatz des Inhalts herleiten zu wollen, daß bei jedem Wechsel in der Person der Fruchtziehungsberechtigten der von dem einen geschlossene Hagelversicherungsvertrag auf den anderen übergehe. (VII, 4. Juli 1939.) Amtl. Sammlg. S. 86—90. Vgl. Bd. 84 S. 410.

15. Grunddienstbarkeit. (ÖstABGB. § 472; ÖstGrundb.-G. §§ 9, 12; ÖstG. über die Einführung der Grundbücher in Tirol Art. XVII § 1; BGB. §§ 1018, 1019.) Auf einem Grundstück in Tirol war als Dienstbarkeit die Unterlassung der Elektrizitätserzeugung zur Stromabgabe an Dritte in der darauf befindlichen Wasserkraftanlage eingetragen. Das Oberlandesgericht verfügte von Amts wegen die Löschung des Eintrags, weil eine Unterlassungspflicht, die nur zugunsten einer bestimmten Person, nicht aber zugunsten einer Liegenschaft bestehe, nicht Gegenstand einer Grunddienstbarkeit sein könne. Im vorliegenden

Falle war aber die Unterlassungspflicht zugunsten eines anderen Grundstücks, auf dem ein Elektrizitätswerk betrieben wurde, begründet worden. Das genügte für die Eintragung. Dem herrschenden Grundstück soll zugute kommen, daß die Ausübung der tatsächlichen Herrschaft auf dem dienenden Grundstück durch ein Dulden oder Unterlassen beschränkt ist. Diese Beschränkung braucht nicht unmittelbar und allein der Bodenbenutzung des herrschenden Grundstücks Vorteil zu bringen; auch zugunsten eines auf dem herrschenden Grundstück betriebenen Gewerbes oder einer dort errichteten Anlage ist eine solche Beschränkung zulässig. (VIII, 6. Juli 1939.)

Amtl. Sammlg. S. 90—92.

16. **Ehesache. Scheinklage. Untervollmacht.** (ZPO. §§ 81, 551, 613.) Die Anwälte M. und E. hatten miteinander vereinbart, gegenseitig im Falle der Verhinderung eines von ihnen dessen Verhandlungstermine wahrzunehmen. In einer Ehesache trat an Stelle von M. für die Klägerin, die Scheidung wegen Ehebruch ihres Mannes beantragt hatte, E. als Vertreter auf, erklärte, daß die Klage nur auf ehewidriges Verhalten des Ehemannes gestützt werde, und verzichtete, nachdem auf das Geständnis des anwesenden Beklagten hin ein der Klage stattgebendes Urteil verkündet worden war, auf Einlegung eines Rechtsmittels. Durch einen am nächsten Tage eingereichten Schriftsatz focht M. den Verzicht wegen Irrtum an, weil E. übersehen habe, daß Scheidung wegen Ehebruch des Beklagten beantragt war. In der Sache geschah nichts weiter. Mit einer neuen Klage verlangte die Frau Nichtigerklärung des Urteils. Sie erklärte, daß sie die Scheidung ihrer Ehe nicht ernsthaft angestrebt habe, sondern nur durch ihre Klage der Untreue ihres Mannes durch seine Überführung habe entgegenwirken wollen. M. habe ihr erklärt, daß er den Termin selbst wahrnehmen wolle; das sei auch E. mitgeteilt worden. In zwei Rechtszügen wurde die Klage abgewiesen. Das Reichsgericht verwies die Sache zurück. Eine etwaige Anweisung der Klägerin an ihren Anwalt, es nicht zur rechtskräftigen Scheidung der Ehe kommen zu lassen, konnte zwar die Rechtswirksamkeit der von diesem oder einem Unterbevollmächtigten entgegen dieser Anweisung vorgenommenen Prozeßhandlungen nicht berühren, nachdem die Anweisung weder in der schrift-

lichen Prozeßvollmacht aufgeführt noch dem Gegner bekannt geworden war. Eine Untervollmacht braucht (im Gegensatz zur Hauptvollmacht) auch im Eheprozeß nicht schriftlich erteilt zu werden und ermächtigt ebenso wie die Hauptvollmacht zu einem Verzicht auf Rechtsmittel. Die Klägerin hatte aber Beweis dafür angeboten, daß E. ausdrücklich davon benachrichtigt worden war, M. werde den Termin selbst wahrnehmen; wenn das zutraf, war die Untervollmacht für diesen Termin aufgehoben. Die Erwägung des Berufungsgerichts, in der Erhebung der Scheidungsklage ohne ernstliche Absicht der Durchführung liege ein Mißbrauch des Rechtswegs, hätte vielleicht die Abweisung der Scheidungsklage rechtfertigen können, vermochte aber die Aufrechterhaltung eines gegen den Willen der Klägerin unter Verstoß gegen zwingende Verfahrensvorschriften ergangenen Scheidungsurteils nicht zu begründen. (IV, 6. Juli 1939.) Amtl. Sammlg. S. 92—94.

17. Führermitversicherung. Unzulässige Rechtsausübung. (VersVertrG. § 67.) S. war mit seinem Kraftwagen gegen Haftpflicht versichert; die Versicherung umfaßte auch die Haftung des Führers. Die Ausübung der Rechte aus dem Vertrag sollte nur dem Versicherungsnehmer zustehen; zu einer Übertragung der Versicherungsansprüche vor ihrer endgültigen Feststellung war die Genehmigung der Versicherungsgesellschaft erforderlich. Der Wagen wurde A. zur Ausbesserung übergeben. B., ein Angestellter des A., unternahm nach Beendigung der Ausbesserung mit dem Wagen eine Probefahrt; hiebei wurde ein Fußgänger angefahren und verletzt. Er klagte gegen S. und B. auf Schadenersatz. Die Klage drang durch; das Urteil wurde rechtskräftig. S. trat seine vertraglichen Ersatzansprüche gegen A. an die Versicherungsgesellschaft ab. Diese hatte an den Verletzten und den Bezirksfürsorgeverband rund 1500 *RM* bezahlt; sie klagte nun gegen A. und B. auf Ersatz ihrer Auslagen und Befreiung von ihren aus der Haftpflicht entstandenen oder künftig entstehenden Verbindlichkeiten. Der Anspruch wurde in allen Rechtszügen als gerechtfertigt anerkannt. A. hatte als Werkunternehmer für das im früheren Urteil festgestellte und im gegenwärtigen Rechtsstreit nicht mehr bestrittene Verschulden des B. als seines Erfüllungsgehilfen nach § 278 BGB. einzustehen. Der Klage hatte allerdings die Einrede der unzulässigen Rechtsausübung entgegengehalten werden können, wenn die Klägerin dem B. für seine Haftung aus dem Dienstvertrag Versicherungsschutz zu gewähren und demgemäß für diesen den dem A. für seine Haftung aus dem Werkvertrag erwachsenen Schaden zu decken gehabt hätte; die Klägerin würde in diesem Falle von A. etwas verlangt haben, was sie ihm mittelbar zurückgewähren müßte. Unrichtig war aber die Auffassung des Berufungsgerichts, daß, wenn B. Versicherungsschutz zu beanspruchen hatte, seine Haftung aus dem Dienstvertrag gegenüber A. von der Versicherung nicht umfaßt werde. Diese Haftung beruhte letzten Endes auf einem beim Betrieb eines Kraftfahrzeugs eingetretenen Schaden und wurde vermittelt durch gesetzliche Haftpflichtbestimmungen bürgerlichrechtlichen Inhalts; sie fiel also unter den Versicherungsschutz ohne Rücksicht darauf, daß A. durch das schädigende Ereignis nur mittelbar betroffen wurde. Entscheidend war hienach die Frage, ob B. auf Grund des zwischen S. und der Klägerin geschlossenen Vertrags ein Anspruch auf Versicherungsschutz überhaupt zustand. Diese Frage war zu verneinen. Die Mitversicherung des Führers ist ein Fall der Versicherung für fremde Rechnung. Steht aber, wie im vorliegenden Falle, die Ausübung der Rechte aus dem Versicherungsvertrag ausschließlich dem Versicherungsnehmer zu, so hat der versicherte Führer keinen unmittelbaren Anspruch gegen den Versicherer. Dieser braucht führ ihn nur einzustehen, wenn das dem Willen des Versicherungsnehmers entspricht. Ohne Rechtsirrtum hatte das Berufungsgericht auch verneint, daß B. gegen S. einen Anspruch auf Verschaffung des Versicherungsschutzes habe. Eine Führermitversicherung wird genommen, um den Kraftwagenhalter unter allen Umständen, besonders bei einer Überlassung der Führung an Familienangehörige, gegen Haftung zu sichern. Der Gedanke, daß A. als Geschäftsführer ohne Auftrag für B. habe handeln und diesem Versicherungsschutz bei der Klägerin habe verschaffen wollen, lag fern. (VII, 11. Juli 1939.)

Amtl. Sammlg. S. 94—100.
Vgl. JW. 1939 S. 1496, 2648.

18. **Ausfuhr. Einheitsvertrag. Verzug. Rücktritt.** (BGB. §§ 285, 325, 326.) Eine Gesellschaft, die sich mit der Ausfuhr deutscher Waren nach dem Iran befaßte, bezog von

einer Großhandlung seit dem Jahre 1936 fortlaufend Papier. Vereinbarungsgemäß sollten 75% der Rechnungsbeträge nach Übernahme der Dokumente, der Rest nach Eingang der Zahlung vom Iran beglichen werden; ausnahmsweise wurde bei größeren Aufträgen auf Verlangen der Großhandlung volle Zahlung bei Übernahme der Dokumente geleistet. Im Mai 1937 erklärte die Großhandlung den Rücktritt von den noch nicht ausgeführten Verträgen, weil die Gesellschaft unrichtige Angaben über den Zeitpunkt der Dokumente gemacht und auch sonst unpünktlich gezahlt habe. Die Gesellschaft klagte auf Schadenersatz. Das Berufungsgericht wies die Klage ab. Die Revision der Klägerin führte zur Zurückverweisung. Es handelte sich beim Rechtsverhältnis zwischen den Parteien nicht um einen eigentlichen Einheitsvertrag (Sukzessivlieferungsvertrag), der die in einem einheitlichen Vertrage vereinbarte Lieferung von Raten hätte zum Gegenstand haben müssen. Die für den Einheitsvertrag geltenden Grundsätze auf den gegebenen Sachverhalt anzuwenden war aber möglich und geboten, weil es im Willen der Parteien lag, ihre sämtlichen Geschäfte trotz der Selbständigkeit der einzelnen Verträge als einheitliches Ganzes erscheinen zu lassen und einer einheitlichen rechtlichen Behandlung zu unterstellen. Eine einheitliche Verpflichtung kann bei Vorliegen mehrerer selbständiger Verträge zwar nicht schon angenommen werden, wenn zwischen den Verträgen nur ein wirtschaftlicher Zusammenhang besteht. Es genügt aber, wenn der Wille der Parteien dahin geht, mehrere von ihnen geschlossene Verträge dergestalt in einen rechtlichen Zusammenhang zu bringen, daß die Art und Weise der Abwicklung des einen auch für die Erfüllung des anderen Vertrags maßgeblich sein soll. Solchenfalls können Anstände, die sich bei der Abwicklung eines Vertrags ergeben, den anderen Teil berechtigen, hieraus Folgerungen für die Erfüllung der übrigen Verträge zu ziehen. Im vorliegenden Falle wies die Abmachung über die Zahlungsweise darauf hin, daß es in der Absicht der Parteien lag, alle von ihnen abgeschlossenen Verträge jedenfalls insofern als zusammengehörig und voneinander abhängig zu betrachten, als die Einhaltung dieser Zahlungsbedingungen in Frage stand. Daß es sich dabei nur um eine Rahmenvereinbarung handelte, die der Ergänzung durch die Sonderverträge bedurfte, stand dem nicht entgegen; die Zahlungsabrede betraf nicht nur einen Nebenpunkt, sondern eine Frage, die für die Parteien durchaus im Vordergrunde stand. Bedenken ergaben sich noch in der Richtung, ob es der Klägerin zum Verschulden angerechnet werden konnte, wenn sie infolge der Stockungen im deutsch-iranischen Verrechnungsverkehr genötigt war, in ihren Zahlungen Verzögerungen eintreten zu lassen. Eine solche Säumnis konnte nach Treu und Glauben nicht in jedem Falle als ein von der Klägerin zu vertretender Umstand gewertet werden, der geeignet war, Verzugsfolgen auszulösen. Von Bedeutung war auch, ob die beklagte Großhandlung bei Eingehung der Geschäftsverbindung mit der Klägerin davon wußte, daß diese als Ausfuhrgesellschaft für die Erlangung von Zahlungsmitteln wesentlich auf die Ergebnisse des Verrechnungsverkehrs angewiesen war; dann mußte sie damit rechnen, daß dessen Verlauf auch auf die Abwicklung ihrer Geschäfte mit der Klägerin von Einfluß sein werde. Die getroffene Vereinbarung über die Zahlung sprach dafür. (II, 26. Juli 1939.) Amtl. Sammlg. Bd. 100—106.

19. **Ehescheidung. Geistige Störung. Unbillige Härte.** (EheG. §§ 49, 50.) Die Scheidungsklage des Mannes wurde auf Eheverfehlungen der Frau, hilfsweise auf geistige Störung der Frau gestützt. Es wurde festgestellt, daß sie ihrem Mann fortwährend den Tod gewünscht hatte. Die Scheidung erfolgte wegen geistiger Störung (Psychopathie). Geistige Störung ist stets dann anzunehmen, wenn sich aus einem krankhaften Geistes- oder Gemütszustande eines Ehegatten Handlungen ergeben, die ein vernünftiger Mensch nicht vornehmen würde. Den Scheidungsgrund bildet nicht der krankhafte Zustand, sondern das Verhalten, das auf diesem Zustande beruht und das deshalb nicht als Eheverfehlung betrachtet werden kann, durch das aber die Ehe unheilbar zerrüttet ist. Auf die Art der geistigen Störung kommt es nicht an; auch nervöse Störungen (Neurosen) können darunter fallen, wenn unter ihrem Einfluß Handlungen begangen worden sind, die an sich als Eheverfehlungen anzusehen wären. (IV, 7. August 1939.) Amtl. Sammlg. S. 106—109.

20. **Pfändung von Trauben auf dem Stock. Verarbeitung. Gerichtsvollzieherhaftung.** (WeimVerf. Art. 131;

BGB. §§ 936, 950; ZPO. §§ 808, 810, 824.) Im Jahre 1932 wurden für eine vollstreckbare Forderung von 570 RM im Weinberg des Schuldners Trauben auf den Stock gepfändet. Es kam dann zu Verhandlungen zwischen dem Gläubiger und dem Schuldner, um dem Schuldner die Aberntung und Vermostung der Trauben zu ermöglichen. Der Gläubiger machte hievon dem Gerichtsvollzieher Mitteilung, fügte aber bei, daß dem Schuldner die Lese nur gestattet werden könne, wenn der Fortbestand des Pfandrechts an den gelesenen Trauben unzweifelhaft festgelegt und der Most getrennt von anderen Traubenerzeugnissen für den Gläubiger gelagert werde; er bat ihn, das zu beachten. Später ersuchte er ihn, den Most unter Siegel zu legen und dem Schuldner, dem baldige Verwertung des Weines vorgeschlagen werden solle, dessen Behandlung zu ermöglichen. Anfang November fragte er beim Gerichtsvollzieher nach dem Stande der Sache an; dieser erwiderte, daß der Betrag für den gepfändeten Wein demnächst bezahlt werde. Die Zahlung blieb aus. Der Schuldner verkaufte den Wein an einen Weinhändler und verwendete den Erlös für sich. Der Gläubiger erhob im Jahre 1933 Klage gegen den Gerichtsvollzieher auf Schadenersatz. Das Berufungsgericht verurteilte den Beklagten zur Zahlung von 400 RM, wogegen der Kläger ihm seine vollstreckbare Forderung gegen den Schuldner in der Höhe dieses Betrages abzutreten habe. Das Reichsgericht verwies die Sache zurück. Nach der Verordnung über die Haftung des Reichs für die Justizbeamten vom 3. Mai 1935 haftet für Amtspflichtverletzungen von Justizbeamten an der Stelle der Beamten das Reich. Diese Vorschrift trat aber erst am 1. April 1935 in Kraft. Die Rechtsfolgen von Amtspflichtverletzungen, die vor diesem Zeitpunkte begangen worden sind, bestimmen sich nach den früheren Vorschriften, zunächst nach dem noch in Kraft befindlichen Art. 131 WeimVerf. Auch danach trifft, falls ein Beamter bei Ausübung der ihm anvertrauten öffentlichen Gewalt die ihm einem Dritten gegenüber obliegende Amtspflicht verletzt, die Verantwortung grundsätzlich den Staat, in dessen Dienst der Beamte steht; doch ist die nähere Regelung der Landesgesetzgebung überlassen und haben in diesem Rahmen ältere landesgesetzliche Vorschriften ihre Geltung behalten. Art. 78 des HessAGzBGB., der hienach zur Anwendung kam, schließt für Gerichtsvollzieher eine Haftung des Staates aus. Eine fahrlässige Pflichtverletzung des Beklagten war darin zu erblicken, daß er versäumte, den aus den Trauben gewonnenen Most oder Wein unter Siegel zu legen. Die Wirksamkeit der Pfändung der Trauben war dadurch bedingt, daß sie nach außen (wahrscheinlich durch Aufstellung von Pfandtafeln) kenntlich gemacht wurde. Diese Kenntlichmachung entfiel mit der Aberntung der Trauben und ihrer Wegbringung aus dem Weinberg. Damit erwuchs für den Gläubiger die Gefahr eines Rechtsverlustes, die auf sein Verlangen abzuwenden der Beklagte kraft Amtes verpflichtet war. An sich setzte sich das Pfandrecht des Klägers, wenn er nicht aus anderem Grund erlosch, an dem durch Verarbeitung entstandenen Moste fort. Eine Rechtsänderung auf Grund des § 950 BGB. trat schon aus dem Grunde nicht ein, weil der Wert der Verarbeitung erheblich geringer war, als der Wert der Trauben. Außerdem führt die Verarbeitung auch dann zu keiner Rechtsänderung, wenn der Verarbeitende sie nicht will; daß ein Untergang des Pfandrechts durch Verarbeitung der Trauben zu Most dem Willen des Schuldners nicht entsprach, stand durch übereinstimmendes Vorbringen beider Parteien fest. Die Amtspflicht des Beklagten, die Pfändung aufrecht zu erhalten und das Pfandrecht durch sichere Kenntlichmachung zu schützen, ergab sich aus Gesetz- und Dienstanweisung. Trifft auch den Gerichtsvollzieher ohne besondere Veranlassung keine Pflicht zur Obhut über die im Gewahrsam des Schuldners belassenen Gegenstände, so muß er doch bei Gefährdung der Ansprüche des Gläubigers, wenn er davon erfährt, die zur Abwehr erforderlichen Maßnahmen auch von Amts wegen treffen; für den Fall der Pfändung ungetrennter Früchte ist das sogar besonders vorgeschrieben. Im vorliegenden Falle war Kenntlichmachung der Pfändung an den Behältern des aus den Trauben gewonnenen Mostes das gegebene und vom Gläubiger ausdrücklich verlangte Mittel. Dadurch, daß der Beklagte sie unterließ, ermöglichte er, daß der Weinhändler gutgläubig das Eigentum an dem Wein erwarb und daß dadurch das Pfandrecht des Klägers unterging. Der Beklagte hatte allerdings behauptet, daß dem Weinhändler das Bestehen des Pfandrechts bekannt gewesen sei. Der gute Glaube mangelte ihm auch schon dann, wenn seine Unkenntnis des Pfandrechts auf grober Fahrlässigkeit beruhte. Unter diesem Gesichtspunkt war die Sachlage noch nicht geprüft worden. Das Berufungsgericht hatte hervorgehoben, daß der Gedanke an den Bestand eines Pfändungspfandrechts an einer nicht als gepfändet gekennzeichneten Sache dem Laien im allgemeinen fernliegt. Das erkannte das Reichsgericht als zutreffend an; die Frage war aber dahin zu stellen, ob der Weinhändler bei Beobachtung auch nur der einfachsten Sorgfalt Anzeichen für ein Pfandrecht des Klägers wahrnehmen und deshalb Nachforschungen hätte anstellen sollen. Auch wenn aber der Weinhändler den Wein nicht in gutem Glauben erwarb, war dieser dem Zugriff des Gläubigers dadurch entzogen worden, daß der Weinhändler ihn weiter veräußerte. Auch ein so entstandener Schaden war dem Beklagten zur Last zu legen. Die Frage, ob in diesem Fall ein Ersatzanspruch gegen den Weinhändler bestand, war noch nicht geprüft worden. Da dem Beklagten nur Fahrlässigkeit zur Last fiel, konnte er nur in Anspruch genommen werden, wenn der Geschädigte nicht auf andere Weise Ersatz zu erlangen vermochte; dabei war auf den Zeitpunkt der Klagerhebung (August 1933) abzustellen. Der Kläger mußte dartun, daß er zu jener Zeit anderweit keinen Ersatz erlangen konnte und daß er auch eine zwar schon damals nicht mehr bestehende, aber früher vorhandene Ersatzmöglichkeit nicht schuldhaft versäumt hatte. Abgesehen von dem Vorgehen gegen den Weinhändler kam noch ein solches gegen den Schuldner selbst in Betracht. Auf dem Grundstück des Schuldners war für den Kläger eine Hypothek eingetragen. In der Zeit zwischen dem Eintritt des Schadens (November 1932) und der Erhebung der Klage (August 1933) war aber die Vollstreckung in Grundstücke, vor allem in landwirtschaftliche Grundstücke so erschwert, daß dem Kläger nicht zugemutet werden konnte, in einem Verfahren, dessen Ende damals nicht abzusehen war, Ersatz zu suchen. (V, 17. August 1939.) Amtl. Sammlg. S. 109—120.

Vgl. Bd. 61 S. 330; Bd. 100 S. 178; Bd. 139 S. 344.

21. Ehenichtigkeitsklage. Religionsverschiedenheit. Kosten. (ÖstABGB. §§ 4, 64; EheG. §§ 118, 120; DurchfVO. § 55.) Ein Österreicher, der ursprünglich katholisch getauft, aber aus der Kirche ausgetreten und bekenntnislos geblieben war, schloß im Jahre 1913 vor einem deutschen Standesbeamten die Ehe mit einer Schweizerin; auch diese erklärte, ursprünglich katholisch gewesen, aus der Kirche aber ausgetreten zu sein. Nach der Trauung verlegten die Ehegatten ihren Wohnsitz nach Österreich. Im Zug eines Verfahrens zur Trennung der Ehe wegen unüberwindlicher Abneigung ergaben sich Zweifel, ob die Frau aus der katholischen Kirche ausgetreten war; wenn das nicht zutraf, war die Ehe ungültig, da nach österreichischem Recht Christen und Nichtchristen keine gültige Ehe miteinander eingehen können. Die Untergerichte entschieden in diesem Sinne. Gegen das Urteil legte der Staatsanwalt als Ehebandsverteidiger Revision ein. Während des Verfahrens trat das deutsche Ehegesetz in Kraft. Der Staatsanwalt in Wien erteilte die Genehmigung zur Fortsetzung des Verfahrens, weil kein öffentliches Interesse an dem Fortbestand der Ehe anzunehmen sei. Der Oberreichsanwalt nahm die Genehmigung zurück. Das Verfahren wurde eingestellt. Das Ehehindernis der Religionsverschiedenheit ist dem geltenden Rechte fremd. Da sich die Gültigkeit einer Ehe nach dem zur Zeit ihrer Eingehung geltenden Recht bestimmt, war die Ehe als ungültig anzusehen. Das hierauf abzielende Verfahren konnte aber nur fortgesetzt werden, wenn der Staatsanwalt damit einverstanden war. Dieser kann eine einmal erteilte Genehmigung auch zurücknehmen. Dem Verfahren fehlte also die für seine Fortentwicklung notwendige verfahrensrechtliche Grundlage. Die Ehe war weiter als bestehend anzusehen. Einem Verfahren zu ihrer Scheidung nach dem neuen Eherecht stand nichts im Wege. Die Kosten des Verfahrens waren wie bei einem nichtigen Verfahren zu behandeln. Ein Verschulden daran, daß ein Verfahren eingeleitet und geführt wurde, das dann eingestellt werden mußte, traf keine der Parteien, so daß eine Ersatzpflicht nicht einzutreten hatte. Die Kosten des Ehebandsverteidigers hatten aber beide Ehegatten in allen drei Rechtsgängen ungeteilt zu tragen, da dessen Einschreiten auf seiner gesetzlichen Pflicht beruhte. (IV, 26. August 1939.)

Amtl. Sammlg. S. 120—124.

22. Ehescheidung in Böhmen und Mähren. (VO. vom 20. Juli 1939; ÖstABGB. §§ 4, 34.) Am 15. März 1938 wurde eine Ehe durch ein Kreisgericht in Mähren geschieden; beide Teile wurden für schuldig erklärt. Die Berufung der Klägerin wurde am 21. Mai 1938 verworfen. Nachdem die Klägerin Revision eingelegt hatte, wurde die Sache durch Verfügung des Obersten Gerichts in Brünn an die deutsche Gerichtsbarkeit im Protektorat übergeleitet, weil die beiden Ehegatten im Zusammenhang mit der Errichtung des Protektorats die deutsche Staatsangehörigkeit erworben hatten. Demnach war auf die Ehesache das deutsche Eherecht anzuwenden. (IV, 26. August 1939.)

Amtl. Sammlg. S. 124—125.

23. **Berufung. Nachweis der Zahlung der Prozeßgebühr. Fristhemmung. Armenrecht.** (ZPO. § 519.) Zum Nachweis der Zahlung der Prozeßgebühr war eine Frist bis zum 5. April 1939 gesetzt worden. Am letzten Tage der Frist reichte die Beklagte ein Armenrechtsgesuch ein. Dieses wurde abgelehnt; der Beschluß wurde ihr am 21. Juli zugestellt. Am 5. August wies sie die Zahlung der Prozeßgebühr nach. Das Berufungsgericht verwarf die Berufung als unzulässig. Die sofortige Beschwerde hatte Erfolg. Die ursprünglich bestimmte Frist endete am 5. April mitternachts. Als das Armenrechtsgesuch eingereicht wurde, war die Frist noch nicht abgelaufen; bis zum Ablauf von zwei Wochen nach Zustellung des auf das Gesuch ergehenden Beschlusses trat also die Hemmung des weiteren Fristablaufs ein. Die Hemmung begann sofort, so daß bei ihrem Eintritt der letzte Tag der Frist noch nicht abgelaufen war. Mit Beendigung der Hemmung lief die Frist weiter. Die Zweiwochenfrist war am 4. August abgelaufen; sie erfuhr aber einen Zusatz durch den letzten Tag der ursprünglichen Frist. Dieser Zusatz umfaßte den ganzen Tag des 5. April als nicht verbraucht, weil die Frist nach vollen Tagen zu bemessen war. Die Frist endete also erst am 5. August. (VII, 1. September 1939.)

Amtl. Sammlg. S. 125—127.

Vgl. Bd. 114 S. 280; Bd. 120 S. 1; JW. 1927 S. 842.

24. **Mündliches Testament.** (ÖstABGB. §§ 585, 601.) Bei Errichtung eines mündlichen Testaments in Böhmen entfernte sich einer der drei Zeugen, nachdem der Erblasser erklärt hatte, wer sein Erbe sein solle; die beiden anderen Zeugen blieben anwesend, während weitere Verfügungen getroffen wurden. In allen Rechtszügen wurde das Testament für ungültig erklärt. Für die Gültigkeit

eines mündlichen Testaments ist nach österreichischem Recht die Anwesenheit der Testamentszeugen während der ganzen Zeit der Erklärung erforderlich, weil die ganze Erklärung eine Einheit bildet. (VIII, 4. September 1939.)

Amtl. Sammlg. S. 127—128.

25. **Gesellschaft mit beschränkter Haftung. Aufsichtsrat. Konkurs. Beweislast. Entlastung. Unzulässige Rechtsausübung.** (GmbHG. § 52; HGB. § 249; BGB. §§ 138, 823, 826.) Nach der Satzung der G. m. b. H. Bauernsiedlung sollte der Aufsichtsrat aus 5—9 auf die Dauer von drei Jahren von der Gesellschafterversammlung zu wählenden Mitgliedern bestehen und nur bei Anwesenheit der Mindestzahl beschlußfähig sein. Die Geschäftsführer wurden durch die Gesellschafterversammlung bestellt. Seit 1928 waren alle Geschäftsanteile der G. m. b. H. in der Hand einer Aktiengesellschaft. Im gleichen Jahre wurde eine Erhöhung des Stammkapitals von 50000 *RM* auf 100000 *RM* beschlossen; B. übernahm den neuen Anteil und wurde in den Aufsichtsrat gewählt. Dieser bestand nur aus drei Mitgliedern. Im Jahre 1929 wurden die Beziehungen wieder gelöst; B. erhielt eine Abfindung von 75000 *RM* und trat seinen Geschäftsanteil an die Aktiengesellschaft ab. Gleichzeitig schied er aus dem Aufsichtsrat aus. Im Herbst 1930 fielen die G. m. b. H. und die Aktiengesellschaft in Konkurs. Der Konkursverwalter trat die Rückgriffsansprüche der G. m. b. H. gegen die Geschäftsführer und Mitglieder des Aufsichtsrats an drei Konkursgläubiger ab, die sich bereit erklärten, den Rechtsstreit gegen B. auf eigene Kosten durchzuführen. Die Klage wurde damit begründet, daß der Beklagte in mehrfacher Hinsicht seine Pflichten als Mitglied des Aufsichtsrats gröblich verletzt habe. Das Berufungsgericht gab der Klage statt mit der Begründung, daß der Beklagte nicht für rechtzeitige Anmeldung des Konkurses durch den Geschäftsführer gesorgt habe. Das Reichsgericht verwies die Sache zurück. Die Stellung des Konkursantrags wäre ausschließlich Sache der Geschäftsführer der G. m. b. H. gewesen; jedoch fiel es in den Rahmen der Überwachungspflicht des Aufsichtsrates, die Geschäftsführer zur Stellung eines solchen Antrags zu veranlassen, sobald die gesetzlichen Voraussetzungen dafür vorlagen. Am 31. Juli 1928 war eine Zwischenbilanz gezogen worden; wenn diese ord-

nungsgemäß aufgestellt worden wäre, hätte sich damals schon eine Überschuldung der G. m. b. H. ergeben. Für die Mängel der Zwischenbilanz war der Beklagte verantwortlich, da die Überwachung der Bilanzfeststellung zu den Aufgaben des Aufsichtsrats gehörte. Für jeden Mißerfolg seiner Überwachungstätigkeit im Rahmen seines Pflichtenkreises hat der Aufsichtsrat einzutreten und im Fall eines solchen Mißerfolges den Nachweis zu erbringen, daß er ohne sein Verschulden nicht in der Lage gewesen sei, das schädigende Ereignis abzuwenden. Ein schädigendes Ereignis kann entweder die Nichtverhinderung pflichtwidriger Handlungen oder die Nichtherbeiführung pflichtmäßiger Handlungen der Geschäftsführer sein. Der Beklagte hatte sich darauf berufen, daß ihm ein Einschreiten unmöglich war, weil der Aufsichtsrat nicht satzungsgemäß zusammengesetzt und deshalb beschlußunfähig war. Dieser Einwand war beachtlich. Der Aufsichtsrat handelt grundsätzlich als Kollegium; dem einzelnen Mitglied des Aufsichtsrates kam weder nach dem Gesetz noch nach der Satzung das Recht oder die Pflicht zu, die Geschäftsführer selbständig zu überwachen. Der eine Geschäftsführer hatte auch den Beklagten, als dieser einmal Auskunft und Rechnungslegung von ihm verlangte, mit dem Hinweis darauf zurückgewiesen, daß das einzelne Aufsichtsratsmitglied zu einem solchen Verlangen nicht berechtigt sei. Das schloß allerdings nicht aus, daß der Beklagte schon zufolge seiner Zugehörigkeit zum Aufsichtsrate verpflichtet war, den Vorteil der Gesellschaft zu wahren und Schaden von ihr abzuwenden, soweit das in seiner Macht stand. Vor allem hatte er die Pflicht, für eine Ergänzung des Aufsichtsrates Sorge zu tragen. Daß er sich in dieser Hinsicht wiederholt bemüht hatte, war festgestellt. Ob er alles getan hatte, was möglich war, um den Erfolg herbeizuführen, war noch zu prüfen. Ausgeschlossen war nicht, daß der Beklagte schon als Einzelmitglied des Aufsichtsrates die Mängel der vorgelegten Bilanz hätte erkennen können. Dann erhoben sich aber wieder die Zweifel, in welcher Weise er angesichts der Beschlußunfähigkeit des Aufsichtsrates die Möglichkeit gehabt hätte, den Bedenken weiter nachzugehen. Die Annahme des Berufungsgerichts, daß er den Geschäftsführer zur Stellung des Konkursantrags hätte veranlassen müssen, und daß er dieses Verlangen, notfalls unter Androhung einer Strafanzeige, auch hätte durchsetzen können, erklärte das Reichsgericht für rechtsirrig. Bei der G. m. b. H. ist ein Aufsichtsrat nur dann zu bestellen, wenn das im Gesellschaftsvertrag vorgesehen ist; in diesem können auch die Art und der Umfang der Überwachungspflichten des Aufsichtsrates beliebig festgesetzt werden. Während bei der Aktiengesellschaft der Aufsichtsrat die Pflicht hat, auch Belange der Gläubiger und der Aktionäre zu beachten, hat der Aufsichtsrat der G. m. b. H. nur die Belange der Gesellschaft zu wahren. Wenn er bei der ihm obliegenden Überwachungstätigkeit Pflichtwidrigkeiten der Geschäftsführer bemerkt und von sich aus keine Abhilfe schaffen kann, bleibt ihm nur ein Bericht an die Gesellschafterversammlung übrig. Es wäre also zu prüfen gewesen, ob und wann der Beklagte durch eine Mitteilung an die Gesellschafterversammlung, daß die Gesellschaft überschuldet sei, die Stellung des Konkursantrags hätte herbeiführen können. Daß ihm dies nicht möglich gewesen wäre, hatte allerdings der Beklagte zu beweisen. Wenn das Berufungsgericht in der neuen Verhandlung zu dem Ergebnis gelangte, daß der Beklagte auch bei voller Erfüllung seiner Pflichten nicht in der Lage gewesen wäre, die Stellung des Konkursantrages herbeizuführen, kam es weiter darauf an, ob dem Beklagten nicht andere Pflichtwidrigkeiten zur Last fielen. Die Kläger hatten behauptet, daß er die ganze Mißwirtschaft wissentlich geduldet habe und, obwohl ihm die schlechte Lage der Gesellschaft bekannt war, sich eine hohe Abfindung habe zahlen lassen. Insoweit war das schädigende Ereignis, für das der Beklagte verantwortlich gemacht wurde, ein anderes als bei Geltendmachung seiner Haftung für die Nichtstellung des Konkursantrags. Im zweiten Falle handelte es sich um ein zunächst unabhängig von der Einwirkung des Beklagten zu beurteilendes Ereignis, für das dieser verantwortlich gemacht wurde, weil er die Pflicht gehabt hätte, es von der Gesellschaft abzuwenden (Erfolgshaftung mit Entlastungsmöglichkeit). Im ersten Falle dagegen stand ein schuldhaftes Verhalten des Beklagten in Frage, das ihn für die pflichtwidrigen Handlungen der Geschäftsführer unmittelbar mitverantwortlich machen würde. In solchem Falle hatten die Kläger sämtliche Schadensfolgen des vom Beklagten mitverschuldeten Verhaltens der Geschäftsführer darzulegen und zu beweisen. Den Schaden, der der G.m.b.H. durch die Unterlassung rechtzeitiger Konkursanmeldung entstanden sein sollte und für den der Beklagte verantwortlich gemacht wurde, erblickte das Berufungsgericht darin, daß seit der Konkursreife neue Forderungen gegen sie entstanden; als solche stellte es die Forderungen der Kläger fest. Wenn die Kläger für ihre Forderungen keine Befriedigung aus der Konkursmasse fanden, waren unmittelbar nur sie selbst geschädigt und konnten, wenn die sonstigen Voraussetzungen vorlagen, aus § 823 oder § 826 BGB. auf Schadenersatz klagen. Bei der Aktiengesellschaft haften Mitglieder des Aufsichtsrates, die ihre Obliegenheiten verletzen, der Gesellschaft für den daraus entstehenden Schaden, wenn Zahlungen geleistet worden sind, nachdem die Zahlungsunfähigkeit der Gesellschaft eingetreten ist oder ihre Überschuldung sich ergeben hat. Auf die G.m.b.H. findet aber diese Vorschrift keine Anwendung (HGB. §§ 241, 249; GmbHG. § 52). Eine Schädigung der G. m.b.H. konnte hienach durch die verspätete Konkursanmeldung nur herbeigeführt worden sein, wenn seit dem Zeitpunkt, da der Konkurs hätte angemeldet werden müssen, die Überschuldung der Gesellschaft zugenommen hatte. Die Revision nahm allerdings an, daß bei einer überschuldeten Gesellschaft eine Schuldenmehrung als ein Schaden nicht gelten könne, da ja ihr Vermögen durch die Schulden schon aufgezehrt war. Aber auch eine überschuldete Gesellschaft bleibt verpflichtet, ihre Gläubiger nach Möglichkeit zu befriedigen, und ist daher durch jede Vermögensminderung insoweit geschädigt, als in deren Folge ihre Mittel zur Befriedigung der Gläubiger nicht ausreichen. Gegenüber dem Schadenersatzanspruch der G.m.b.H., den die Kläger auf Grund der Abtretung durch den Konkursverwalter geltend machten, hatte sich der Beklagte auf die ihm in verschiedenen Gesellschafterversammlungen erteilte Entlastung berufen. Das Berufungsgericht hatte diese Beschlüsse für sittenwidrig und nichtig gehalten, soweit die Gesellschafter, denen die Mißwirtschaft bekannt war, dabei bewußt zum Nachteil der Gesellschaft und ihrer Gläubiger handelten. Das Reichsgericht trat dem im wesentlichen bei. Mag auch die Gesellschafterversammlung der G.m.b.H. grundsätzlich befugt sein, auf Ansprüche der

Gesellschaft zu verzichten, so liegt doch die Sache wesentlich anders, wenn und soweit die Gesellschafter sich bewußt sind, daß der Verzicht nicht oder nicht ausschließlich zu Lasten der Gesellschaft geht, sondern auch die Gläubiger benachteiligt. Eine derartige Verzichterklärung mit dem sittenwidrigen (wenn auch nur bedingten) Vorsatz, die Gläubiger zu benachteiligen, ist mit der Rechtssicherheit im Verkehr unvereinbar und darum nichtig. Es wäre auch als eine unzulässige Rechtsausübung anzusehen, wenn der Beklagte einen Verzicht auf Rückgriffsansprüche aus einem Entlastungsbeschluß herleiten wollte, der entweder auf einer unzureichenden Aufklärung oder auf sittenwidrigen Abstimmungserklärungen beruhte. (II, 7. Juni 1938.) Amtl. Sammlg. S. 129—145. Vgl. Bd. 73 S. 392; Bd. 131 S. 141; Bd. 146 S. 145; Bd. 159 S. 211.

26. **Reichshaftung für Soldaten. Schwarzfahrt. Gerichtsassessor.** (WeimVerf. Art. 131; RHaftG. § 1; KFG. § 7; GVG. § 66.) Ein Soldat fuhr befehlsgemäß in dem Beiwagen eines Kraftrads einen Offizier von der Kaserne in dessen Wohnung. Er kehrte nicht auf dem kürzesten Wege in die Kaserne zurück, sondern machte einen großen Umweg, um eine Bekannte zu besuchen. Hiebei stieß er mit einem Fußgänger zusammen; dieser wurde tödlich verletzt. Die Witwe und der Sohn klagten gegen den Soldaten und gegen das Deutsche Reich auf Schadenersatz. In zwei Rechtszügen wurde der Klage im wesentlichen stattgegeben. Das Reichsgericht verwies die Sache zurück. Das Berufungsgericht hatte angenommen, daß eine unbefugte Benutzung des Kraftrades (Schwarzfahrt) nicht stattgefunden habe, weil der Soldat mit Wissen und Willen des Fahrzeughalters in den Besitz des Fahrrades gelangt sei. Das erklärte das Reichsgericht für unhaltbar. Nach der früheren Fassung des Kraftfahrzeuggesetzes war die Haftung des Fahrzeughalters darauf abgestellt, ob das Fahrzeug ohne sein Wissen und seinen Willen in Betrieb gesetzt war. Nach der neuen, durch das Gesetz vom 21. Juli 1923 eingeführten Fassung kommt es dagegen darauf an, ob die Benutzung des Fahrzeugs gegen Wissen und Willen des Fahrzeughalters erfolgt. Das Reichsgericht hat seitdem ständig die Auffassung vertreten, daß die Frage, ob bei Abweichungen von den Anweisungen

des Halters die Benutzung des Fahrzeugs als erlaubt oder unerlaubt anzusehen ist, danach entschieden werden muß, ob die Benutzung bei verständiger Würdigung der Willensmeinung des Halters im wesentlichen noch als übereinstimmend mit der tatsächlich ausgeführten Benutzung erachtet werden kann. Von diesem Standpunkt aus hätte die Frage geprüft werden müssen, wobei auch zu berücksichtigen gewesen wäre, daß nach der Behauptung der Kläger der Soldat das Kraftrad, bei dem eine Störung zutage getreten war, erproben wollte. Lag eine Schwarzfahrt vor, so hätte noch weiter festgestellt werden müssen, ob bei dem in Betracht kommenden Truppenteil durch geeignete Maßnahmen hinlänglich dafür gesorgt war, Schwarzfahrten im Anschluß an Dienstfahrten zu unterbinden. Die auf dienstlichen Befehl beruhende Beförderung von Offizieren durch Kraftwagen zum Dienst und vom Dienst zurück fällt in den Umkreis hoheitsrechtlicher militärischer Betätigung. Das hätte auch für die Rückfahrt gegolten, wenn diese auf dem dafür in Betracht kommenden Wege stattgefunden hätte. Nachdem der Soldat die Fahrt nach einer anderen Richtung fortsetzte, fragte sich, ob dieser Abschnitt der Fahrt noch unter dem Merkmal der öffentlichen Gewaltausübung stand. Das Berufungsgericht hatte das bejaht, weil der Soldat sich nicht von den Bindungen des Dienstes lösen wollte, sondern vorhatte, bei seiner Rückkehr den Eindruck zu erwecken, als habe er den Befehl genau ausgeführt. Das Reichsgericht erklärte das nicht für überzeugend. Es müssen hier die allgemeinen Grundsätze angewendet werden, die für den Gebrauch von Dienstwaffen aufgestellt worden sind. Wird von Dienstwaffen aus rein persönlichen Beweggründen und ohne innere Beziehung zum Dienste — wenn auch bei Gelegenheit und während des Dienstes — zum Schaden von Dritten Gebrauch gemacht, so fällt das nicht in den Bereich des Dienstes und der Ausübung öffentlicher Gewalt. Ein Soldat, der ein Wehrmachtfahrzeug mißbräuchlich zur eigenen Fahrt benutzt, übt keine Diensthandlung aus, und zwar auch dann nicht, wenn die mißbräuchliche Benutzung bei Gelegenheit und (zeitlich gesehen) während des Dienstes geschieht. Der Gesichtspunkt des Amtsmißbrauchs könnte nur den Umstand betreffen, daß der Soldat unbefugtermaßen das Fahrzeug seinen eigenen Zwecken dienstbar

gemacht hatte. Soweit ersichtlich gehörte es nicht zu den amtlichen oder dienstlichen Aufgaben des Soldaten, die Art der Verwendung des Fahrzeugs zu bestimmen; der Gesichtspunkt des Amtsmißbrauchs trifft aber nur bei Handlungen zu, die zwar gegen die Dienstvorschriften verstoßen, aber nicht völlig außerhalb des allgemeinen Rahmens der Dienstbefugnisse liegen. Eine andere Frage war allerdings, ob nicht eine Haftung des Reiches dadurch herbeigeführt wurde, daß die Vorgesetzten des Soldaten, die über die Verwendung der Fahrzeuge zu bestimmen und diese zu überwachen hatten, durch Verletzung ihrer Amtspflicht den Mißbrauch des Fahrzeugs und die daraus entstandenen Folgen schuldhaft ermöglicht hatten. Das war noch zu untersuchen. — Das Landgericht hatte über die Klage in der Besetzung mit drei Gerichtsassessoren entschieden; in dieser Besetzung war auch Zeugenbeweis aufgenommen worden. Auf die Berufung des Reiches hatte das Berufungsgericht das Urteil aufgehoben und die Sache zur neuen Verhandlung und Entscheidung zurückverwiesen. Das Landgericht hatte dann ohne Erneuerung der Beweisaufnahme der Klage im wesentlichen stattgegeben. Das verstieß gegen das Gesetz. Gerichtsassessoren haben nicht die Stellung planmäßig angestellter Richter; sie können als Vorsitzende landgerichtlicher Kammern nicht tätig sein. Bei der letzten Verhandlung war der Vorsitzende kein Gerichtsassessor gewesen, es war aber für unbedenklich erklärt worden, die in der ersten Verhandlung durchgeführte Beweisaufnahme zu verwenden, da ja auch ein Assessor als beauftragter oder ersuchter Richter die Beweisaufnahme hätte vornehmen können. Es handelte sich aber nicht um eine Vernehmung durch einen beauftragten oder ersuchten Richter, sondern um eine Vernehmung vor dem Prozeßgericht selbst, die wegen dessen nicht vorschriftsmäßiger Besetzung verfahrensrechtlich mangelhaft war. Zu der Frage, ob der Mangel durch Rügeverzicht geheilt werden konnte, und ob ein solcher Verzicht vorlag, nahm das Reichsgericht keine Stellung. (III, 30. Juni 1939.) Amtl. Sammlg. S. 145—153.
Vgl. Bd. 104 S. 286; Bd. 119 S. 347; Bd. 136 S. 4; Bd. 155 S. 156, 362.

27. **Rechtsanwaltspraxis. Veräußerung. Gute Sitten. Vollmacht.** (BGB. §§ 138, 166.) Ein Rechtsanwalt wurde

in Untersuchungshaft genommen. Seine Frau verhandelte in seinem Auftrag mit einem Assessor wegen Übernahme der Praxis. Es kam ein Vertrag zustande, wonach der Assessor die Praxis neben der Kanzleieinrichtung und der Bücherei für 30000 RM übernahm. Es wurde vereinbart, daß der Rechtsanwalt künftig am gleichen Orte nicht mehr als Rechtsanwalt oder Rechtsberater tätig sein dürfe; falls er an einem anderen Orte eine amtsgerichtliche Praxis übernehmen würde, sollte er seinem Nachfolger die in die Berufung gehenden Streitigkeiten zuweisen. 10000 RM wurden bezahlt. Die Zahlung des Restes wurde abgelehnt mit der Begründung, daß der Vertrag gegen guten Sitten verstoßen habe und darum nichtig sei. Das Berufungsgericht gab der Klage auf Zahlung des Restes nur bis zum Betrage von 4000 RM statt. Die Revision der Klagepartei hatte keinen Erfolg. Der Beruf des Rechtsanwalts ist kein Erwerb, sondern Dienst am Recht. Deshalb verstoßen entgeltliche Abgabe und Übernahme einer Anwaltspraxis regelmäßig gegen die guten Sitten. Ausnahmen sind nur in ganz besonderen Fällen anzuerkennen. Das Berufungsgericht hatte einen Ausnahmefall für gegeben erachtet, weil nach seiner Annahme die Praxis zur Zeit der Verhaftung des Rechtsanwalts noch in guter Ordnung war und es ihm nicht habe verübelt werden können, wenn er deren Wert, da er sie voraussichtlich selbst nicht fortführen konnte, seiner Familie zu sichern suchte. Das Reichsgericht trat dieser Auffassung nicht bei. Der Rechtsanwalt hatte sich schwerer Verfehlungen strafrechtlicher und standesrechtlicher Art schuldig gemacht; die Fortführung der Praxis war aus diesem Grunde ausgeschlossen. In einem solchen Falle kann die Abgabe der Praxis gegen Entgelt überhaupt nicht als möglicher Ausnahmefall von dem grundsätzlichen Verbot anerkannt werden, selbst wenn dadurch für die Kinder des Rechtsanwalts der in der Praxis liegende ideelle Vermögenswert gerettet werden soll. Das im Vertrag festgelegte Wettbewerbsverbot in Verbindung mit der Verpflichtung, dem Erwerber die Bearbeitung bestimmter Rechtssachen ständig zuzuweisen, hatte schon das Berufungsgericht als gegen die guten Sitten verstoßend angesehen, aber zugleich festgestellt, daß der Vertrag auch ohne diese nichtigen Vereinbarungen geschlossen worden wäre. Die Feststellung war einer Nachprüfung durch das Reichsgericht nicht zugänglich. Die Annahme der Nichtigkeit des Vertrags hatte das Berufungsgericht darauf gestützt, daß das vereinbarte Entgelt unangemessen hoch gewesen sei; schon geraume Zeit vor seiner Verhaftung habe der Rechtsanwalt seine Praxis vernachlässigt. Das Reichsgericht hob hervor, daß es für die Nichtigkeit eines solchen Vertrags spreche, wenn das Entgelt den Erwerber in die Gefahr bringt, den Anwaltsberuf als Erwerbsquelle zu betrachten. Die Revision hatte dagegen eingewendet, daß die Frau des Rechtsanwalts, welche die Verhandlungen führte, die Praxis für gut gehalten habe. Das Berufungsgericht hatte es abgelehnt, hierauf einzugehen. Das erklärte das Reichsgericht für falsch. Das Vorhandensein eines auffälligen Mißverhältnisses zwischen Leistung und Gegenleistung für sich allein kann ohne Hinzukommen weiterer Umstände, insbesondere ohne Rücksicht auf die Sinnesart der am Geschäft Beteiligten, also bei rein gegenständlicher Betrachtung, die Nichtigkeit des Geschäfts auf Grund des § 138 Abs. 1 BGB. noch nicht ergeben. Das Geschäft gewinnt seine Eigenart gerade durch die Gesinnung der Beteiligten; darum muß auf ihre Beweggründe und die von ihnen verfolgten Zwecke gesehen und danach gefragt werden, ob das Rechtsgeschäft nach seiner ersichtlichen Gesamtgestaltung gegen das gesunde Volksempfinden verstoße. Es kam aber nicht auf die Auffassung der Frau, sondern auf jene des Rechtsanwalts an, da die Frau sich bei dem Abschluß des Vertrages an die Weisungen ihres Ehemannes gehalten hatte; er hatte den Vertrag auch nachträglich genehmigt. Ob er die Vergütung für übermäßig hielt, war unerheblich; es genügte, daß er sich der Tatumstände bewußt war, aus denen sich das Merkmal der Sittenwidrigkeit des Vertrags ergab. Das Berufungsgericht hatte die 4000 *RM* nur aus dem Gesichtspunkt der ungerechtfertigten Bereicherung zuerkannt. Ein Rechtsirrtum wurde hierin nicht gefunden. (II, 12. August 1939.) Amtl. Sammlg. S. 153—163.

Vgl. Bd. 68 S. 374; Bd. 128 S. 116; Bd. 131 S. 343; Bd. 150 S. 1; Bd. 153 S. 280; JW. 1916 S. 317.

28. **Gemeindebeamter. Ehrenbeamter. Vorbescheid.** (D. BeamtG. §§ 142, 143; VerBeamtG. §§ 6, 7; 3. DurchfVO. zVerBeamtG. § 7 Nr. 9.) Der Bürgermeister einer

sächsischen Landgemeinde erhielt nach deren Satzung eine Vergütung und eine Aufwandsentschädigung; für den Fall, daß er beim Ausscheiden aus seinem Amte dienstunfähig oder 65 Jahre alt sein sollte und eine ununterbrochene Amtszeit von 10 Jahren zurückgelegt haben würde, war ihm ein Ruhegehalt zugesichert. Er wurde auf Grund des Berufsbeamtengesetzes (§ 6) im August 1935 aus dem Dienstverhältnis entlassen. Er war zu dieser Zeit noch nicht 65 Jahre alt. Seine Klage auf Gewährung von Ruhegeld wurde in allen Rechtszügen abgewiesen. Die Klage war erst nach dem Inkrafttreten des Deutschen Beamtengesetzes erhoben worden; demgemäß war, wenn es sich um Ansprüche aus früherer Zeit handelte, die Vorlage eines Vorbescheides der obersten Aufsichtsbehörde erforderlich. Diesen Vorbescheid hatte der Kläger erst im Verfahren vor dem Reichsgericht beigebracht. Das Reichsgericht erklärte das für genügend. Nach dem Gesetz zur Wiederherstellung des Berufsbeamtentums konnten beim Vorliegen der dort genannten Voraussetzungen Berufsbeamte in den Ruhestand versetzt, Ehrenbeamte aus dem Amtsverhältnis entlassen werden. Indem der Reichsstatthalter den Kläger aus dem Amtsverhältnis entließ, gab er kund, daß er ihn als Ehrenbeamten ansah. Die Frage, ob der Kläger Ehrenbeamter oder Berufsbeamter, wenn auch nur im Nebenberuf, war, hatte damit ihre endgültige Erledigung gefunden. Den Gerichten liegt nur ob, die aus der so geschaffenen Rechtslage sich ergebenden vermögensrechtlichen Folgerungen zu ziehen. (III, 12. Mai 1939.)

Amtl. Sammlg. S. 163—167.

Vgl. Bd. 104 S. 23; Bd. 149 S. 51; Bd. 154 S. 229.

29. **Gemeindebeamter. Gehaltsrückforderung. Aufrechnung. Anschließung an die Berufung.** (BGB. § 389; BerBeamtG. § 10; ZPO. §§ 322, 536.) Der Bürgermeister einer sächsischen Landgemeinde wurde auf Grund des Gesetzes zur Wiederherstellung des Berufsbeamtentums (§ 4) aus dem Dienstverhältnis entlassen. Die Gemeinde behauptete, er habe zu viel Gehalt bezogen, auch für Tätigkeiten, die er pflichtgemäß ohne Entgelt vorzunehmen hatte, Beträge aus der Gemeindekasse entnommen; sie klagte auf Rückzahlung. Der Beklagte behauptete, daß er im Gegenteil zu wenig Gehalt bezogen

habe, und machte eine entsprechende Gegenforderung geltend. Das Landgericht gab der Klage teilweise statt; die Gegenforderung erklärte es für unbegründet. Gegen das Urteil legte der Beklagte Berufung mit dem Ziele der Klagabweisung ein. Das Berufungsgericht fand, daß die Forderung der Gemeinde höher sei, als das Landgericht angenommen hatte; es berücksichtigte andererseits die vom Beklagten zur Aufrechnung gestellte Gegenforderung und kam danach zu dem Ergebnis, daß der Klaganspruch mindestens in der Höhe des vom Landgericht zuerkannten Betrages bestehe. Demgemäß wurde die Berufung zurückgewiesen. Die Revision des Beklagten hatte teilweise Erfolg. Die Rechtsfolgen von Amtspflichtverletzungen, die vor dem Inkrafttreten des Deutschen Beamtengesetzes (1. Juli 1937) begangen worden sind, bestimmen sich weiter nach dem bisherigen Recht. Das Berufungsgericht hatte demnach den Anspruch der Klägerin auf Rückzahlung schuldhaft zuviel erhobener Beträge nach dem früheren sächsischen Beamtenbesoldungsgesetz beurteilt. Insoweit war eine Nachprüfung des Reichsgerichts nicht zulässig. Dagegen waren bei der Behandlung der Gegenforderung des Beklagten reichsrechtliche Vorschriften verletzt worden. Nachdem die Klägerin keine Berufung eingelegt, auch sich der Berufung des Beklagten nicht angeschlossen hatte — hiefür hätte jede schriftliche Erklärung genügt, durch die sie eine Änderung des Urteils zu ihren Gunsten erstrebt hätte —, stand im Zeitpunkt des Schlusses der mündlichen Verhandlung vor dem Berufungsgericht rechtskräftig fest, daß die Forderung der Klägerin ohne Abzug der vom Landgericht als unbegründet erachteten Gegenforderung nicht mehr als die vom Landgericht zuerkannte Urteilssumme betrug. Indem das Berufungsgericht auf Grund seiner Neuberechnung einen höheren Betrag der Klageforderung zugrunde legte, verstieß es gegen die Vorschriften über die Rechtskraftwirkung und gegen das Verbot der Änderung eines Urteils zum Nachteil des Berufungsklägers. Es durfte also die Gegenforderung des Beklagten, die es als begründet anerkannte, nicht mit der von ihm errechneten Forderung der Klägerin, sondern nur mit der vom Landgericht als begründet anerkannten Forderung in Vergleich setzen. Wenn der Beklagte die Aufrechnung einer Gegenforderung geltend macht, geht die

Entscheidung, daß die Gegenforderung nicht bestehe, bis zu der Höhe des Betrags, mit dem aufgerechnet wird, in Rechtskraft über. Diese Bestimmung trifft auch einen Fall der vorliegenden Art, wo die Gegenforderung für begründet erachtet, von der an sich ebenfalls für begründet erachteten Klageforderung abgesetzt und damit entschieden wird, daß die Gegenforderung nicht mehr bestehe. Diese ist damit endgültig erloschen und der Beklagte kann auf sie später in keiner Weise mehr zurückgreifen. Das gilt freilich nur, wenn die Klageforderung an sich unangreifbar begründet ist. Wird sie bei einer Nachprüfung für unbegründet erachtet, so bleibt die Frage des Bestehens der Gegenforderung unentschieden; die in § 322 ZPO. bestimmte Folge tritt für sie nicht ein. Brachte das Berufungsgericht die Gegenforderung des Beklagten, die das Landgericht für unbegründet erklärt und daher von der Klageforderung nicht abgesetzt hatte, von der von ihm errechneten Forderung der Klägerin in Abzug, so traf es, da der Beklagte damit seine Gegenforderung verlor, die Klägerin aber die volle landgerichtliche Urteilssumme behielt, eine gesetzwidrige Entscheidung zuungunsten des Beklagten als Berufungsklägers. Nach § 10 BerBeamtG. haben Beamte, die auf Grund der §§ 3, 4 dieses Gesetzes ausgeschieden sind und höhere Bezüge erhalten haben, als sie ihnen zustanden, die seit dem 31. März 1932 empfangenen Mehrbeträge zurückzuerstatten. Der Beklagte hatte daraus gefolgert, daß eine Gehaltsrückzahlung aus der vorhergehenden Zeit nicht verlangt werden könne. Diese Vorschrift kam aber auf den vorliegenden Klaganspruch, bei dem es sich lediglich um die Frage der Gehaltsüberziehung nach den seinerzeit geltenden Bestimmungen des sächsischen Besoldungsrechts handelte, nicht zur Anwendung. (III, 23. Juni 1939.) Amtl. Sammlg. S. 167—173. Vgl. Bd. 78 S. 398; Bd. 80 S. 164; Bd. 103 S. 168.

30. Postscheck. Sammelüberweisung. Ersatzüberweisung. Freizeichnung. Mitverschulden. (PScheckG. §§ 1, 5, 9; PScheckO. § 6.) Der Buchhalter einer Firma hatte die Postschecküberweisungen auszufüllen und einem zeichnungsberechtigten Vertreter der Firma zur Unterschrift vorzulegen. In mehreren Fällen beseitigte er bei Sammelüberweisungen, nachdem die Überweisung und die zugehörige Anlage unterzeichnet worden waren, auf der Anlage die Anschrift und die Kontonummer eines Zahlungsempfängers mittels Rasur und setzte dafür die Anschrift und Kontonummer einer Bank ein, bei der er ein Konto besaß; gleichzeitig tauschte er die für den Empfänger bestimmte Ersatzüberweisung, die keiner Unterschrift bedurfte, durch eine neue, auf die Bank lautende aus. Nachdem die Sache entdeckt worden war, nahm die Firma die Reichspost auf Zahlung der veruntreuten Summen in Anspruch. Das Landgericht wies die Klage ab. Das Berufungsgericht nahm beiderseitiges Verschulden an und verurteilte die Reichspost zum Ersatz von $^3/_5$ des Schadens. Ihre Revision hatte keinen Erfolg. Das Berufungsgericht hatte das zwischen den Parteien bestehende Postscheckverhältnis rein nach bürgerlich-rechtlichen Gesichtspunkten beurteilt. Das stimmte mit der bisherigen Rechtsprechung des Reichsgerichts überein. Hieran hielt das Reichsgericht nicht mehr fest. Anstalten öffentlich-rechtlicher Körperschaften, die dem Gemeingebrauch dienen, können von diesen allerdings auf rein bürgerlich-rechtliche Grundlage gestellt werden; die Körperschaften haben aber auch die Möglichkeit, ihren Rechtsverhältnissen zu den Benützern solcher Anstalten eine öffentlichrechtliche Gestaltung zu geben. Es kommt immer darauf an, ob sich aus der Regelung des Betriebs erkennen läßt, daß das Unternehmen im Ganzen oder in gewissen Beziehungen nicht nach Art eines eigenwirtschaftlichen Unternehmens in seinem bürgerlichrechtlichen Geschäftskreise bleiben, sondern als eine im Rahmen seines obrigkeitrechtlichen Tätigkeitsgebietes liegende öffentliche Aufgabe durchgeführt werden soll. Die Postscheckordnung spricht nicht von einem Vertrag, sondern von der Zulassung zum Postscheckverkehr. Die Gebührenregelung und andere Vorschriften weisen darauf hin, daß das Postscheckverhältnis außerhalb des bürgerlichrechtlichen Bereiches gestellt werden soll. Das wird auch durch die Vorschrift in § 9 PScheckG. nicht ausgeschlossen, wonach die Reichspost für die ordnungsmäßige Ausführung der bei den Postscheckämtern eingegangenen Aufträge nach den Vorschriften des bürgerlichen Rechts haftet. Die Anforderungen an die Sorgfalt des Postscheckamtes sind also grundsätzlich dieselben, wie sie für bürgerlichrechtliche Schuldverhältnisse gelten (§ 276 BGB.). Ob neben dieser Haftung der Reichspost auch noch Raum für eine solche aus Verletzung einer Amtspflicht in Ausübung öffentlicher Gewalt verbleibt (Art. 131 WeimVerf.; § 839 BGB.), brauchte nicht entschieden zu werden, da die Klage auf diesen Gesichtspunkt nicht gestützt war. Die Haftungsvorschrift in § 9 PScheckG. setzt Überweisungsanträge voraus, die von den zuständigen Personen gezeichnet und insoweit echt sind. Im vorliegenden Falle war bei den in Betracht kommenden Sammelüberweisungen die jeweilige Anlage verfälscht. Diese Anlage bildete einen wesentlichen Teil des Überweisungsauftrags; sie mußte gleich diesem unterzeichnet sein. Waren hiernach die Überweisungsaufträge für die Klägerin nicht verbindlich, so war zunächst davon auszugehen, daß der Schaden für die Reichspost entstanden war und diese das Konto der Klägerin wieder aufzufüllen hatte. Dem stand aber die Vorschrift in § 6 PScheckO. entgegen, wonach der Postscheckkunde alle Nachteile trägt, die aus dem Verlust oder dem sonstigen Abhandenkommen sowie aus dem Mißbrauch von Formblättern entstehen. Hiefür haftet der Kontoinhaber auch ohne Verschulden; er trägt eben insoweit die Gefahr. Diese Bestimmung bezieht sich fraglos auch auf Formblätter für Ersatzüberweisungen. Der Sinn dieser Bestimmung kann aber nicht sein, daß bei einem Mißbrauch von Formblättern der Kontoinhaber allen Schaden tragen muß. Nach dem allgemeinen Grundsatz in § 9 PScheckG. hat die Reichspost dem Kunden eine sorgfältige Prüfung der Schecke und der Überweisungen bei Vermeidung von Schadenersatz zu gewährleisten. Die Fälschung der Schecke oder Überweisungen befreit sie weder von dieser Pflicht noch von den Folgen ihrer Vernachlässigung. Das Verschulden der Beamten des Postscheckamts war einwandfrei festgestellt worden. Es handelte sich um grobe und leicht zu erkennende Abänderungen wesentlicher Teile des Überweisungsauftrags, die den Verdacht einer Fälschung nahelegen mußten, zumal die Abänderungen besonders wichtige Angaben, nämlich die Namen und Kontonummern der Zahlungsempfänger, betrafen. Auch bei Berücksichtigung aller Eigenheiten des Postscheckbetriebs hätten die Beamten vor Ausführung der Umbuchungen bei der Klägerin wenigstens fernmündlich anfragen müssen, ob die Aufträge in Ordnung gingen. (III, 23. Juni 1939.)

Amtl. Sammlg. S. 174—183.

Vgl. Bd. 99 S. 96; Bd. 104 S. 141; Bd. 109 S. 100; Bd. 126 S. 128; Bd. 130 S. 401; Bd. 141 S. 420; Bd. 152 S. 129; Bd. 155 S. 333; Bd. 158 S. 83; JW. 1919 S. 821.

31. **Unfallversicherung. Arbeitsunfähigkeit. Ausschlußfrist. Feststellungsklage. Anwaltshaftung.** (VersVertrG. §§ 12, 179; BGB. § 611.) In den Unruhen Ende Januar 1933 wurde ein Mann von einem unbekannten Täter angeschossen. Die Kugel drang in die rechte Brustseite und beeinträchtigte die Gebrauchsfähigkeit des rechten Armes. Der Verletzte war gegen Unfallschaden versichert, und zwar mit 40000 *RM* für den Fall der dauernden Arbeitsunfähigkeit und mit einem Tagegeld von 20 *RM* für den Fall vorübergehender Arbeitsunfähigkeit. Die Versicherungsgesellschaft zahlte ihm zweimal je 400 *RM*; weitere Zahlungen machte sie davon abhängig, daß er sich zur Behandlung durch einen bestimmten Arzt in ein Krankenhaus begebe. Das lehnte er ab. Die Versicherungsgesellschaft sah darin eine Verletzung der ihm nach ihren allgemeinen Versicherungsbedingungen obliegenden Pflichten und eröffnete ihm, daß sie damit von ihrer Leistungspflicht frei geworden sei; zugleich machte sie ihn darauf aufmerksam, daß er gegen ihren Entscheid innerhalb 6 Monaten Klage einreichen könne, andernfalls aber seiner Ansprüche verlustig gehe. Er wandte sich an einen Rechtsanwalt. Dieser erhob gegen die Versicherungsgesellschaft Klage auf Zahlung von Tagegeldern in der Höhe von 1100 *RM*. Zur Begründung der Klage war ausgeführt, daß die aufgelaufenen Tagegelder weit über 5000 *RM* betrügen, daß aber vorerst nur ein Teilbetrag gefordert werde. Während des Rechtsstreits reichte der Anwalt auf Verlangen des Verletzten einen Schriftsatz ein, worin er eine Erhöhung der Klagesumme auf 2500 *RM* ankündigte; in der mündlichen Verhandlung verlas er aber nur den ursprünglichen Antrag. Das Landgericht wies die Klage ab. Im Berufungsverfahren wurde das Klagebegehren auf 2500 *RM* erhöht; das Berufungsgericht gab der Klage aber nur bis zum Betrage von 1100 *RM* statt, weil die Ausschlußfrist von 6 Monaten für den später verlangten Betrag nicht eingehalten sei. Das Urteil wurde rechtskräftig. Der Verletzte erhob nun Klage gegen seinen Rechtsanwalt auf Schadenersatz, weil dieser den Frist-

ablauf und den damit verbundenen Rechtsverlust verschuldet habe. Als Schaden berechnete er den Ausfall an Tagegeldern, den er auf 2870 *RM* schätzte, einen Betrag von 625 *RM* für die Kosten des Vorprozesses und einen Betrag von 5000 *RM* für den Verlust seines Anspruchs auf Entschädigung wegen Arbeitsunfähigkeit. In zwei Rechtszügen wurde die Klage abgewiesen; das Reichsgericht erkannte die Abweisung der Klage in der Höhe von 1470 *RM* als begründet an und verwies im übrigen die Sache zurück. Nun sprach das Berufungsgericht dem Kläger den streitbefangen gebliebenen Anspruch wegen der Tagegelder sowie wegen der Kosten des Vorprozesses durch Teilurteil zu. Das Urteil wurde nicht angefochten. Den noch streitig gebliebenen Anspruch wegen der Entschädigung für Arbeitsunfähigkeit erhöhte der Kläger auf 6100 *RM* und verlangte auch Feststellung der Verpflichtung des Beklagten, ihm alle weiter aus dem Verlust des Anspruchs auf Entschädigung für Arbeitsunfähigkeit entstandenen Schäden zu ersetzen. Das Berufungsgericht wies diese Ansprüche ab. Das Reichsgericht erkannte die Abweisung hinsichtlich des Feststellungsanspruchs als begründet an, verwies aber im übrigen die Sache neuerdings zurück. Es handelte sich nur noch um die Frage, ob der Kläger gegen den Beklagten auch insoweit Rückgriff nehmen konnte, als ihm etwaige Ansprüche gegen die Versicherungsgesellschaft auf Gewährung von Entschädigung für Arbeitsunfähigkeit infolge ungenutzten Ablaufs der Klagefrist verloren gegangen waren. Das Berufungsgericht hatte ein solches Rückgriffsrecht grundsätzlich als gegeben angesehen, weil der Beklagte aus dem Anwaltsvertrag heraus verpflichtet gewesen wäre, den Kläger dahin zu belehren, daß er außer den Ansprüchen auf Tagegelder auch solche auf Entschädigung wegen Arbeitsunfähigkeit geltend machen solle. Das Reichsgericht vermißte eine nähere Begründung dafür, warum der Beklagte über eine pflichtmäßige Rechtsbelehrung hinaus dem Kläger die Erhebung solcher Ansprüche geradezu hätte empfehlen sollen; da aber nur der Kläger Revision eingelegt hatte, war für den gegenwärtigen Rechtsgang ein ursächliches Verschulden des Beklagten in dieser Hinsicht zu unterstellen. Der Rückgriff konnte auch bei einer solchen Unterstellung nur durchdringen, wenn eine rechtzeitige Erhebung der Ansprüche Erfolg gehabt hätte. Das hing in erster Reihe davon ab, ob dem Kläger solche Ansprüche zustanden, in zweiter Reihe davon, ob er den Anspruch durch seine Weigerung, sich in einem Krankenhaus behandeln zu lassen, verloren hatte. Das Berufungsgericht hatte die erste Frage verneint, weil der Kläger seine Arbeitsfähigkeit wieder erlangt habe, also nicht dauernd arbeitsunfähig gewesen sei. Das Reichsgericht erkannte an, daß diese Schlußfolgerung rein gedanklich zutraf, erklärte sie aber in dieser Allgemeinheit für eine verständige Regelung von Unfallversicherungsansprüchen für unverwertbar, weil diese Ansprüche nicht während unbegrenzter Zeiträume in der Schwebe bleiben können. Wenn auch in den Versicherungsbedingungen zwischen vorübergehender und dauernder Arbeitsunfähigkeit scharf unterschieden und im ersten Falle nur die Gewährung von Tagegeldern, im zweiten aber auch eine in der Regel feste Entschädigung vorgesehen war, ließ sich nicht bestreiten, daß ohne eine im Einzelfalle alsbald Platz greifende zeitliche Abgrenzung nicht auszukommen war. Nach den maßgebenden allgemeinen Versicherungsbedingungen mußte sich die dauernde Beeinträchtigung der Arbeitsfähigkeit innerhalb eines Jahres, vom Unfalltag an gerechnet, ergeben und stand der Gesellschaft, soweit es sich nicht um Gliederverluste handelte, das Recht zu, die Auszahlung des Kapitals auf drei Jahre, vom Abschluß der ärztlichen Behandlung an gerechnet, auszusetzen und während dieser Zeit im unmittelbaren Anschluß an das Aufhören der Tagegelder Zinsen zu zahlen. Das Berufungsgericht hätte daher fragen müssen, ob nach dem körperlichen Zustande des Klägers im ersten Jahre nach dem Unfall, also bis zum 31. Januar 1934, eine Beeinträchtigung der Arbeitsfähigkeit des Klägers vorlag, von der anzunehmen war, daß sie in erheblichem Maße länger als drei Jahre vom Abschluß der ärztlichen Behandlung an dauern würde, ohne daß sich ihr Ende mit Sicherheit absehen ließ. Darauf, wie sich der Kläger in den Jahren 1937 und 1938 befand, kam es nicht an. Auch ein ärztliches Gutachten vom September 1933, daß die Unfallfolgen wahrscheinlich binnen Jahresfrist abklingen würden, konnte nicht ohne weiteres maßgebend sein, weil es nur einen Abschnitt aus dem ersten Jahre nach dem Unfall umfaßte und keine

Feststellungen darüber vorlagen, ob und wie es die Entscheidung im Vorprozeß beeinflußt hätte, wenn diese nach richtigen Gesichtspunkten getroffen worden wäre. Das Berufungsgericht hatte aber auch den Begriff der Arbeitsunfähigkeit falsch verstanden. Arbeitsfähigkeit im Sinne der allgemeinen Versicherungsbedingungen ist grundsätzlich die jedem Menschen auf der Grundlage körperlicher Unversehrtheit regelmäßig innewohnende Fähigkeit Arbeit zu leisten; dabei muß es an sich gleichgültig sein, welchen Beruf der Verletzte ausübt und ob er überhaupt einen Beruf hat; die Fähigkeit, einen Beruf auszuüben, kommt nur insofern in Betracht, als bei der Bemessung der Entschädigung (soweit diese nicht bestimmt feststeht) in Betracht gezogen werden muß, welche Tätigkeit dem Versicherten nach seinen Kräften und Fähigkeiten unter billiger Berücksichtigung seiner Ausbildung und seines bisherigen Berufes zugemutet werden darf. Daher kann nicht, wie das Berufungsgericht annahm, die Behinderung im Berufe den Prüfstein dafür abgeben, ob eine vorübergehende oder dauernde Beeinträchtigung der Arbeitsfähigkeit vorliegt, sondern umgekehrt ist die entweder vorübergehende oder dauernde Beeinträchtigung der Arbeitsfähigkeit dafür entscheidend, inwieweit die Behinderung im Berufe zum Maßstabe für die Entschädigung genommen werden darf. Als richtig erkannte das Reichsgericht an, daß das Berufungsgericht den Feststellungsantrag des Klägers abgewiesen hatte. Die Voraussetzungen dafür waren allerdings gegeben; der Anspruch war aber unbegründet. Die Regelung von Unfallschäden kann nicht für unabsehbare Zeit in Schwebe bleiben. Grundsätzlich sollen die Fragen eines Unfalls für die Arbeitsfähigkeit des Versicherten innerhalb eines Jahres nach dem Unfall abschließend geprüft sein. Für eine nachträgliche Berücksichtigung neuer, aus dem Unfall vielleicht noch zu befürchtender Folgen bleibt kein Raum. Der Beklagte konnte schon deshalb nicht für sie haften, weil auch die Versicherungsgesellschaft nicht für sie einzustehen hatte. (III, 28. Juli 1939.) Amtl. Sammlg. S. 184—192.

Vgl. Bd. 152 S. 330.

32. **Kauf. Gewährleistung. Sacheigenschaft. Baubeschränkung. Feststellungsklage.** (BGB. § 459; ZPO. § 256.) Im Frühjahr 1938 wurden zwei Häuser in Dres-

den verkauft. Bei den Verhandlungen erwähnte der Verkäufer, daß in der Nähe der Häuser eine große Straße angelegt werden solle, daß aber die Häuser davon nicht berührt würden. Später erklärte die Käuferin dem Verkäufer, sie habe erfahren, daß die gekauften Häuser doch in den Straßenbau einbezogen würden; sie fügte bei, daß sie sich alle Rechte vorbehalte. Der Verkäufer klagte auf Feststellung, daß der Käuferin für diesen Fall aus dem Vertrag keine Ansprüche zuständen. Die Klage drang durch. Nach dem Gesetz über die Neugestaltung deutscher Städte vom 4. Oktober 1937 kann Grundeigentum in bestimmter Weise entzogen oder beschränkt werden, soweit es zur Durchführung städtebaulicher Maßnahmen erforderlich ist. Solche Maßnahmen waren für Dresden schon vor dem Kaufabschluß geplant; zur Durchführung kamen sie erst nach Verkündung des Berufungsurteils. Das Berufungsgericht hatte zugunsten der Beklagten angenommen, daß sie den Anspruch, dessen sie sich berühmte, auf alle hierfür in Betracht kommenden Rechtsgründe stützen wollte. Es hatte zunächst den Bestand eines Gewährleistungsanspruchs verneint, weil der Kläger weder eine Eigenschaft der Grundstücke zugesichert oder vorgetäuscht noch einen ihnen anhaftenden Fehler verschwiegen habe. Das Reichsgericht erklärte, daß auf den vorliegenden Tatbestand die Vorschriften über Gewährleistung wegen Sachmängel überhaupt nicht angewendet werden könnten. Freilich werden die Begriffe des Fehlers oder der Eigenschaft einer Kaufsache in Rechtslehre und Rechtsprechung weit gefaßt. Nicht nur die natürliche Beschaffenheit der Sache, sondern auch ihr Verhältnis zur Umwelt kommt in Betracht. Tatsächliche, wirtschaftliche und selbst rechtliche Beziehungen der Sache zu der sie umgebenden Welt können Sacheigenschaften darstellen und, wenn sie eine Abweichung vor der gewöhnlichen Beschaffenheit solcher Sachen ergeben, als Fehler zu werten sein. So sind Baubeschränkungen, die im öffentlichen Recht wurzeln, als Sachmängel anzuerkennen; doch muß es sich um schon bestehende Baubeschränkungen handeln, wie sie namentlich aus bereits getroffener Feststellung von Baufluchtlinien erwachsen. Die Erwartung künftiger Anordnung derartiger Baubeschränkungen kann für die möglicherweise davon betroffenen Grundstücke die zum Eigenschaftsbegriff gehörende

Umweltsbeziehung noch nicht schaffen. Diese kann nur aus Verhältnissen hervorgehen, die in der Gegenwart, in dem für die Sachmängelhaftung maßgebenden Zeitpunkt des Gefahrübergangs bestehen. Daran fehlte es im vorliegenden Falle. Es läßt sich nicht vertreten, daß ein Grundstück, das im möglichen Bereich erst für die Zukunft geplanter städtebaulicher Maßnahmen liegt, schon gegenwärtig mit einem Sachmangel behaftet wäre. Es blieb allerdings noch Raum für eine Haftung des Klägers aus Verschulden bei Vertragsschluß; unabhängig davon bestand eine Verantwortlichkeit für arglistiges Verhalten gemäß den Vorschriften über unerlaubte Handlungen. Das Berufungsgericht hatte eine Haftung des Klägers auch aus diesem Gesichtspunkt abgelehnt. Die Gründe, aus denen das Reichsgericht diese Entscheidung billigte, sind nicht veröffentlicht. (V, 28. August 1939.)

Amtl. Sammlg. S. 193—196

Vgl. Bd. 52 S. 49; Bd. 69 S. 355; Bd. 131 S. 343; Bd. 135 S. 339; Bd. 137 S. 294; Bd. 148 S. 286; JW. 1934 S. 2906; 1935 S. 1687.

33. **Konkursverwalter.** (KO. § 116; TschechoslowKO. § 76; ÖstKO. § 78.) Unter Vorlage einer Vollmacht seiner Frau stellte ein Kaufmann in Mähren im Jahr 1937 den Antrag, über das Vermögen der Frau den Konkurs zu eröffnen. Dem Antrag wurde stattgegeben. Auf den Rekurs der Frau hob das Obergericht den Eröffnungsbeschluß auf. Der vom Konkursgericht bestellte Konkursverwalter beantragte Festsetzung seiner Entlohnung. Gegen den entsprechenden Beschluß des Konkursgerichts legte die Frau neuerdings Rekurs ein. Das Rekursgericht hob den Beschluß auf. Das Reichsgericht verwies die Sache zurück. Nach tschechoslowakischem Recht haben Rechtsmittel gegen den Beschluß, durch den der Konkurs eröffnet wird, keine aufschiebende Wirkung. Das Vermögen des Schuldners wird sofort dem Konkursverfahren unterworfen; seine Verfügungsmacht wird durch jene des Masseverwalters ersetzt. Die dadurch entstehenden Kosten sind als solche gegen die Masse anzusehen. Für den Fall eines Zwangsvergleichs ist angeordnet, daß der Konkurs nicht vor Bezahlung oder Sicherstellung dieser Kosten aufgehoben werden darf. Wird der Eröffnungsbeschluß auf Rekurs aufgehoben, so ist damit ausgesprochen, daß ein berechtigter Antrag nicht vor-

lag. Der Beschluß hat grundsätzlich rückwirkende Kraft. In jeder Beziehung kann das aber nicht angenommen werden; die Tatsache, daß von dem Eröffnungsbeschluß bis zu dessen Aufhebung ein Verwalter über das als Masse behandelte Vermögen verfügen durfte, wird durch die Aufhebung des Beschlusses nicht aus der Welt geschafft. Das Verfahren ist so zu behandeln, als ob es auf einen richtigen Antrag eingeleitet worden und nunmehr aufgehoben wäre. In der deutschen Konkursordnung ist ausdrücklich angeordnet, daß in solchen Fällen die Vorschriften über die Beendigung des Konkurses durch Zwangsvergleich entsprechend anzuwenden sind. Der Verwalter hat trotz der Aufhebung des Eröffnungsbeschlusses die Massekosten zu begleichen oder sicherzustellen; das Konkursgericht hat im Rahmen seiner Abwicklungstätigkeit die Entlohnung des Masseverwalters festzustellen und deren Berichtigung aus der Masse zu verfügen. (VIII, 4. September 1939.)

Amtl. Sammlg. S. 196—199.

Vgl. Bd. 36 S. 93; Bd. 89 S. 94.

34. **Amtspflichtverletzung. Anderweitige Ersatzmöglichkeit. Gesetzliche Versicherung.** (BGB. §§ 254, 839; Weim. Verf. Art. 131; RVO. § 1542.) Ein Soldat, der in dienstlichem Auftrag eine Fahrt mit einem Kraftrad seines Regiments machte, stieß mit einem Radfahrer zusammen; dieser wurde schwer verletzt. Die für ihn zuständige Reichsknappschaft verlangte Ersatz ihrer Auslagen vom Deutschen Reich. Das Berufungsgericht nahm an, daß das überwiegende Verschulden am Zusammenstoß den Radfahrer traf, und sprach der Klägerin nur ein Drittel ihrer Forderung zu. Die Revision des Reiches blieb ohne Erfolg. Der Wert des Beschwerdegegenstandes erreichte die Revisionssumme nicht; die Revision war demgemäß nur insoweit zulässig, als es sich um die Frage handelte, ob der Verletzte aus einer Amtspflichtverletzung des Soldaten einen Schadenersatzanspruch gegen das Reich erworben hatte. Eine Nachprüfung der aus dem Kraftfahrzeuggesetz hergeleiteten Haftpflicht war wegen Fehlens der Revisionssumme nicht möglich. Das Berufungsgericht hatte einen Schadenersatzanspruch des Verletzten sowohl aus dem einen wie aus dem anderen Gesichtspunkt bejaht; für jeden der beiden Haftungsgründe hatte es auf Grund der Annahme eines Mitverschuldens des Verletzten § 254 BGB. zur

Anwendung gebracht. Auch die Frage des Mitverschuldens war nur im Fall einer Amtspflichtverletzung nachprüfbar. Das Reichsgericht verneinte einen Schadenersatzanspruch aus Amtspflichtverletzung überhaupt. Nach Lage der Sache kam auf seiten des Soldaten nur Fahrlässigkeit in Frage; eine Haftung trat also nur ein, wenn und soweit der Verletzte nicht auf andere Weise Ersatz zu erlangen vermochte. Das gilt auch, wenn die Möglichkeit, Ersatz zu erlangen, durch eine gesetzliche Kranken- oder Unfallversicherung begründet ist. Die Tatsache, daß in diesem Falle der Ersatzanspruch ohne weiteres dem Versicherungsträger zuwächst, steht dem nicht entgegen. Entfiel also eine Haftung des fahrlässig handelnden Soldaten, so konnte auf dieser Grundlage die Klägerin auch keine Ersatzansprüche gegen das Reich erheben. (III, 8. September 1939.) Amtl. Sammlg. S. 199—203. Vgl. Bd. 62 S. 145; Bd. 138 S. 209; Bd. 145 S. 56; Bd. 148 S. 19; Bd. 152 S. 20; Bd. 155 S. 66 Bd. 158 S. 297.

35. **Bergwerkseigentum. Wesentlicher Bestandteil. Nachbarrecht. Bergschaden. Entsprechende Anwendung.** (BGB. §§ 93, 94, 823, 906; PrABergG. §§ 50, 148.) Durch den Betrieb eines Bergwerks senkte sich die Erdoberfläche über einem benachbarten Bergwerk, so daß Ausbesserungsarbeiten an einem Schacht und an der Zugangsstrecke zu diesem ausgeführt werden mußten. Die Klage auf Schadenersatz hatte keinen Erfolg. Das Bergwerkseigentum als das ausschließliche Gewinnungsrecht an bestimmten Bodenbestandteilen in einem bestimmten räumlich begrenzten Felde ist an sich etwas Unkörperliches; es wird aber kraft ausdrücklicher Vorschrift wie ein körperlicher Gegenstand behandelt, indem darauf die Vorschriften des Bürgerlichen Gesetzbuchs über Grundstücke Anwendung finden, soweit sich nicht aus dem Berggesetz ein anderes ergibt. Demnach wurde die Vorschrift über erlaubte Einwirkungen von einem Grundstück auf das andere (§ 906 BGB.) auch auf bergrechtliche Verhältnisse für anwendbar erklärt. Ausschlaggebend ist, daß das Bergwerkseigentum seine Anwendung im Bergwerk findet, so daß im Berggesetz die beiden Begriffe vielfach einander gleichgestellt sind. So ist es geboten, auf diesen Inbegriff von Bergwerk und Bergwerkseigentum auch die dem Sachenrecht des

Bürgerlichen Gesetzbuchs entstammenden Begriffe „Bestandteil" und „Zubehör" anzuwenden. Demgemäß waren der Schacht und dessen unterirdische Zugangsstrecke, um deren Beschädigung es sich handelte, als wesentliche Bestandteile des Bergwerkseigentums anzusehen; sie standen in fester Verbindung mit der Bergwerksanlage und waren zu deren Herstellung unentbehrlich. Als wesentlicher Bestandteil des Bergwerkseigentums teilte der Schacht dessen rechtliches Schicksal. Er war trotz seiner festen Verbindung mit Grund und Boden nicht dessen Bestandteil; es kam auch nicht darauf an, ob er auf Dauer oder vorübergehend mit Grund und Boden verbunden war. Die für Beschädigung des Grundeigentums mit Zubehör bestimmte Schadenersatzpflicht des Bergwerksbesitzers findet auf Beschädigungen fremden Bergwerkseigentums keine Anwendung. Das Preußische Berggesetz gibt jedem Bergwerkseigentümer das unbeschränkte Ausbeuterecht für das verliehene Mineral in seiner Feldesgrenze und enthält sich einer dem Schutze der Nachbargruben dienenden Vorschrift. Eine entsprechende Anwendung des § 148 ABergG. für das Verhältnis zweier Bergwerksbesitzer untereinander ist um so weniger zulässig, als bei den vielfachen Berührungen verschiedenen Bergwerkseigentums mit den unvermeidlichen Einwirkungen des einen Betriebs auf den anderen (Senkungen, Risse, Wasserzuführungen) die rechtlichen und wirtschaftlichen Folgen unabsehbar wären. Daß auch die Erdoberfläche sich bei dem Schacht gesenkt hatte, war belanglos, da hierauf der Klageanspruch nicht gestützt wurde. In Frage kam noch, ob Schadenersatz wegen unerlaubter Handlung verlangt werden konnte. Dem stand entgegen, daß die Beklagte sich in den Grenzen ihres Abbaurechts gehalten hatte; sie hatte den behördlich geprüften Betriebsplan beachtet und nirgends gegen bergpolizeiliche Anordnungen verstoßen. Das Handeln innerhalb der eigenen Berechtigung wird aber nicht dadurch widerrechtlich, daß schädliche Einwirkungen daraus auf Nachbarfelder vorauszusehen sind. Der Bergbau wäre unerträglich gehemmt, wenn er stets da haltmachen müßte, wo mit einer Gefährdung anderen Bergbaues zu rechnen ist. Rücksichtsloses Vorgehen mit schuldhafter Gefährdung lebenswichtiger Belange der Allgemeinheit oder eines Einzelnen um geringwertiger eigener Vorteile willen kann allerdings als

rechtswidrig angesehen werden; ein solcher Tatbestand war aber nicht nachgewiesen. Allenfalls hat die Bergbehörde Schutz gegen gemeinschädliche Einwirkungen des Bergbaus zu gewähren. Abgelehnt wurde auch eine entsprechende Anwendung des § 26 GewO. Die Vorschrift kommt für das Bergwesen nicht in Betracht; auch bestand kein Abwehranspruch der Klägerin, der durch einen Schadenersatzanspruch abzulösen wäre. (V, 14. September 1939.)
Amtl. Sammlg. S. 203—209.
Vgl. Bd. 61 S. 188; Bd. 72 S. 303; Bd. 137 S. 140; Bd. 139 S. 29; Bd. 150 S. 231; JW. 1915 S. 528.

36. **Durchkonnossement. Spediteur. Reeder.** (HGB. §§ 485, 486, 642 ff.). Felle sollten von Japan nach Leipzig verfrachtet werden. Sie wurden zunächst an eine Gesellschaft in Neuyork geschickt; von dieser wurden sie auf einen deutschen Dampfer unter der Anschrift eines Spediteurs in Leipzig verladen. Die Gesellschaft stellte zugleich über die Sendung drei gleichlautende Urkunden unter der Bezeichnung „Through bill of lading" aus, auf denen vermerkt war, daß das Gut zur Ablieferung an die Order der Empfängerin bestimmt sei und daß man sich zur Auslieferung an den Spediteur in Leipzig wenden solle. Die Urkunden sandte sie an die Empfängerin; dem Spediteur ließ sie eine Versandanzeige zugehen, in der angegeben war, daß das Gut an die Order der Empfängerin ausgegeben werden solle. Entgegen diesen Anweisungen händigte der Spediteur die Ware anderweitig aus; der Empfängerin machte er von dem Eingang keine Mitteilung. Die Empfängerin klagte gegen den Spediteur auf Schadenersatz. In zwei Rechtszügen wurde die Klage als dem Grunde nach als gerechtfertigt anerkannt. Das Reichsgericht verwies die Sache zurück. Es war zunächst zu prüfen, welche rechtliche Bedeutung den als through bill of lading bezeichneten Urkunden zukam. Die Prüfung war nach deutschem Recht vorzunehmen, da die Urkunden in Deutschland rechtswirksam werden sollten. Die Gesellschaft in Neuyork erklärte in den Urkunden als Ausstellerin, daß sie keine Verantwortung für die Beförderung, sondern nur für die verständige Auswahl der Beförderer übernehme. Anhaltspunkte dafür, daß sie dabei in Vertretung der deutschen Reederei handelte, waren nicht gegeben; die Gesellschaft wollte nur die Stellung eines Spediteurs ein-

nehmen. Demgemäß waren die Urkunden nicht als Konnossemente nach deutschem Recht anzuerkennen, da zu der Ausstellung eines solchen Konnossements nur die Reederei oder ihr Stellvertreter befugt ist. Infolgedessen ging mit der Aushändigung der Urkunden auch nicht der Besitz auf die Empfängerin über, und die Aushändigung der Ware an einen Nichtberechtigten konnte nicht als Entziehung des Besitzes beurteilt werden. Soweit also die Klägerin eigene Schadenersatzansprüche wegen unerlaubter Besitzentziehung erhob, waren sie nicht berechtigt. Die Klage war aber auch auf Ansprüche des japanischen Eigentümers der Sendung gestützt, welche die Klägerin in dessen Auftrag geltend machte. Wenn die Urkunden auch nicht als Konnossemente anzusehen waren, konnte durch sie doch eine Verpflichtung zur Auslieferung der Ware an die Klägerin begründet worden sein. Eine solche Verpflichtung hatte jedenfalls die Gesellschaft in Neuyork durch die Ausstellung der Urkunden übernommen. Der Beklagte war Empfangsspediteur, der die an ihr Endziel gelangte Ware entgegennahm, um sie bis zur weiteren Bestimmung über sie in Obhut zu behalten und zu lagern. Erhielt er von der Absenderin eine Anzeige über den Versand der Ware unter besonderer Hervorhebung, daß die Ware an die Order der Klägerin hinauszugeben sei, so mußte er damit rechnen, daß ein an Order gestelltes Konnossement oder eine ähnliche Urkunde ausgestellt war. Übernahm er unter solchen Umständen das Ladegut, so mußte sein Verhalten so gewertet werden, als ob er die Pflicht der Ausstellerin übernommen hätte, das Gut nur an den legitimierten Inhaber des Konnossements oder der bill of lading auszuhändigen. Verletzte er diese Verpflichtung, so verletzte er eine von ihm dem Urkundeninhaber gegenüber übernommene Verpflichtung, das allerdings nur in dem Umfang, als nicht die Allgemeinen Deutschen Spediteurbedingungen die Haftung einschränken. Das war noch zu prüfen, ebenso, ob nicht die Haftungsbeschränkungen dahin auszulegen waren, daß sie auch die außervertragliche, auf unerlaubte Handlung gestützte Haftung begrenzten. (I, 23. Juni 1939.)

Amtl. Sammlg. S. 209—216.

Vgl. Bd. 34 S. 72; Bd. 63 S. 308; Bd. 75 S. 172; Bd. 77 S. 320; Bd. 102 S. 42; Bd. 151 S. 296.

37. **Ehescheidung. Schuldantrag.** (EheG. §§ 49, 50, 59, 60, 61; ZPO. §§ 536, 537, 559, 614.) Auf Grund des § 49 EheG. (Eheverfehlungen) klagte der Ehemann auf Scheidung, weil die Ehefrau ihm grundlos den ehelichen Verkehr verweigert, ihn maßlos beschimpft und auch bedroht habe. Die Frau beantragte, die Klage abzuweisen, hilfsweise den Kläger für mitschuldig zu erklären, da dieser auf ihren nervenkranken Zustand keine Rücksicht genommen und sie gleichfalls gröblich beschimpft habe. Das Landgericht schied die Ehe und erklärte beide Parteien für schuldig. Die Beklagte legte Berufung ein mit dem Antrag, die Klage abzuweisen. Der Kläger beantragte, die Berufung zu verwerfen, hilfsweise die Ehe auf Grund des § 50 EheG. (geistige Erkrankung) zu scheiden. Gegenüber dem Hilfsantrage bat die Beklagte um den Ausspruch, daß den Kläger ein Verschulden treffe. Das Berufungsgericht änderte das Urteil dahin ab, daß die Ehe geschieden werde, ohne daß eine Partei schuldig sei. Die Revision der Beklagten führte zur Wiederherstellung der Schuldigerklärung des Klägers. Das Berufungsgericht hatte die Ehe auf Grund des § 50 EheG. geschieden. Den von der Beklagten begehrten Ausspruch, daß den Kläger ein Verschulden treffe, hatte es abgelehnt, weil das Verhalten des Klägers nur die Wirkung des unbeherrschten Benehmens der Beklagten gewesen sei, so daß auch den Kläger kein Verschulden an der Zerrüttung der Ehe traf. Der Scheidungsausspruch selbst war nicht zu beanstanden. Wenn der Kläger im zweiten Rechtszuge beantragte, die Ehe nicht auf Grund des § 49 EheG., sondern auf Grund des § 50 EheG. zu scheiden, war er dazu berechtigt, ohne daß er selbst Berufung einzulegen oder sich der Berufung der Beklagten anzuschließen brauchte; mit der Scheidung aus § 50 EheG. waren für die Beklagte keine Wirkungen verbunden, die zu ihren Ungunsten über die Wirkungen des bisherigen Urteils hinausgegangen wären. Wollte der Kläger aber den gegen ihn gerichteten Schuldausspruch beseitigen, so mußte er selbst Berufung einlegen oder sich der Berufung der Beklagten anschließen. Wenn er hilfsweise Scheidungsantrag aus § 50 EheG. stellte, mußte er damit rechnen, daß gegenüber der Beklagten kein Schuldausspruch werde ergehen können, daß dagegen der ihm gegenüber ergangene Schuld-

ausspruch bestehen blieb. Indem das Berufungsgericht das landgerichtliche Urteil insoweit zu Unrecht einer sachlichen Prüfung unterzogen hatte, lag ein Verfahrensmangel vor, der von Amts wegen zu berücksichtigen war. Obschon hienach die Schuldigerklärung des Klägers mangels eines von ihm eingelegten Rechtsmittels der Nachprüfung der Rechtsmittelgerichte nicht unterlag, nahm das Reichsgericht doch Veranlassung, rechtliche Bedenken hervorzuheben, die sich aus dem Urteil des Berufungsgerichts ergaben. Die Beklagte hatte im zweiten Rechtszug auch auf einen Ehebruch des Klägers hingewiesen, der aber zweifellos von ihr verziehen war. Das Berufungsgericht hatte diese Frage nicht geklärt. Es hätte aber diese Klärung gerade dann vornehmen müssen, wenn es die unverziehenen Verfehlungen des Klägers nicht für ausreichend hielt, für sich allein die Scheidung zu begründen. Auch verziehene oder verjährte Eheverfehlungen des Klägers hätten für sich allein den Antrag auf Schuldigerklärung des Klägers begründen können, wenn das der Billigkeit entsprochen hätte. (IV, 20. Juli 1939.)

Amtl. Sammlg. S. 216—220.

Vgl. Bd. 159 S. 120.

38. **Überleitung der Rechtspflege.** (ÜberlVO. vom 28. Februar 1939 § 15.) Das Oberlandesgericht Wien wollte als Gericht des dritten Rechtsganges im außerstreitigen Verfahren von einer Entscheidung des Obersten Gerichtshofs in Wien abweichen und legte deshalb die Akten dem Reichsgericht vor. Dieses lehnte eine Entscheidung ab. Die Vorlage der Akten an das Reichsgericht ist nur für den Fall vorgeschrieben, daß das in einer Rechtssache des Verfahrens außer Streitsachen im dritten Rechtsgang berufene Oberlandesgericht bei der Auslegung einer reichsgesetzlichen Vorschrift von einer Entscheidung des Reichsgerichts abweichen will. Die Absicht, von einer vom Obersten Gerichtshof in Wien vertretenen Rechtsansicht abzuweichen, bildet keinen Grund zur Anrufung der Reichsgerichts. (IV, 18. September 1939.)

Amtl. Sammlg. S. 220—222.

39. **Ehescheidung. Beschränke Berufung.** (EheG. §§ 49, 55, 60; ÖstZPO. § 462.) Wegen schwerer Eheverfehlungen der Frau klagte der Mann gemäß § 49 EheG. auf Scheidung; hilfsweise beantragte er Scheidung wegen

Aufhebung der häuslichen Gemeinschaft und Ehezerrüttung nach § 55 EheG. Die Frau beteiligte sich nicht am Verfahren. Das Landgericht schied die Ehe nach § 55 EheG. und wies den Antrag des Klägers, die Beklagte für schuldig zu erklären, ab. Der Kläger legte Berufung ein mit dem Antrag, das Verschulden der Frau auszusprechen. Das Berufungsgericht hob das Urteil auf und verwies die Sache zurück. Das Reichsgericht erkannte das als richtig an. Der Grundsatz der Einheitlichkeit der Entscheidung in Ehesachen schließt eine Trennung der Frage der Scheidung von der Frage des Verschuldens aus. Die Berufung des Mannes war dahin zu verstehen, daß er Scheidung der Ehe nach § 49 EheG. anstrebte. Zum Tatbestand der Scheidung nach dieser Vorschrift gehört das Verschulden des anderen Eheteils; ohne dieses ist eine Scheidung ausgeschlossen. Die Verschuldensfrage läßt sich also von der Frage der Scheidung nicht trennen. (IV, 18. September 1939.) Amtl. Sammlg. S. 222—225.

40. Fischereirecht. Regulierung. (BayerFischG. Art. 5.) Durch die Errichtung eines Hochwasserdammes auf dem linken Ufer der Isar wurde ein in einen Arm der Isar mündender Bach von dieser abgeschnitten; er wurde weiter abwärts in die Moosach eingeleitet. Der Inhaber des Fischereirechts an dem Bach nahm dieses Recht auch für den neugeschaffenen Unterlauf in Anspruch. Seine Klage gegen die Aktiengesellschaft, die den Damm aufgeführt hatte, auf Feststellung seines Fischereirechts wurde in allen Rechtszügen abgewiesen. Zugunsten des Klägers hatte das Berufungsgericht unterstellt, daß sich der durch die Regulierung entstandene Wasserlauf als Verlängerung, als neuer Unterlauf des Baches, darstelle; der Oberlauf war aber vollständig unverändert geblieben. Dem nur stromaufwärts einer regulierten Strecke Fischereiberechtigten kann aus der Regulierung kein Recht an der regulierten Strecke zuwachsen. (VII, 19. September 1939.)
Amtl. Sammlg. S. 226—229.

41. Angestelltenbestechung. Gute Sitten. Beweis des ersten Anscheins. (BGB. § 138.) Ein Speditionsgeschäft besaß selbst keine Fahrzeuge, sondern betraute verschiedene Fuhrunternehmer mit der Ausführung der anfallenden Beförderungsaufträge. Ein Angestellter des Geschäfts schloß mit einem Fuhrunternehmer einen Vertrag über die Ausnutzung eines Lastkraftwagens, den dieser mit Beihilfe des Angestellten gekauft hatte; danach sollte der aus dem Betrieb des Wagens erzielte Reingewinn zwischen ihnen je zur Hälfte geteilt werden. Nach einiger Zeit stellte der Fuhrunternehmer die Zahlungen ein mit der Begründung, der Vertrag verstoße gegen die guten Sitten und sei deshalb nicht rechtswirksam. Der Klage auf Zahlung rückständiger Leistungen stellte der Fuhrunternehmer eine Widerklage auf Feststellung der Nichtigkeit des Vertrags entgegen. Das Berufungsgericht gab der Klage zum Teil statt und wies die Widerklage als unbegründet ab. Auf die Revision des Beklagten wurde der Widerklage stattgegeben. Das Berufungsurteil hatte festgestellt, daß die Parteien sich in der Absicht zusammengeschlossen hatten, den Beklagten bei der Vergebung von Beförderungsaufträgen zu bevorzugen. Der Kläger, der als Angestellter des Speditionsgeschäfts bei der Vergebung der Aufträge mitzuwirken hatte, war also insgeheim an einem Unternehmen beteiligt, das solche Aufträge erhielt. Die Auffassung des Berufungsgerichts, daß eine solche Beteiligung an sich nicht unzulässig sei, dies vielmehr erst dadurch werde, daß sie sich zu ungunsten des Dienstherrn auswirkte oder doch auswirken sollte, erklärte das Reichsgericht für bedenklich. Es widerspricht dem allgemeinen Anstandsgefühl, insbesondere auch der Auffassung des anständigen kaufmännischen Geschäftsverkehrs, daß ein Angestellter, der für einen Dienstherrn Verträge mit dritten Personen abzuschließen hat oder auch nur auf den Abschluß solcher Verträge bestimmend mit einwirken kann, sich von diesen dritten Personen für ihre bevorzugte Behandlung hinter dem Rücken des Dienstherrn Vorteile versprechen oder gewähren läßt. Das Sittenwidrige liegt darin, daß der Angestellte in seiner Willensentschließung, die er nach dem zu seinem Dienstherrn bestehenden Vertrauensverhältnis nur zu dessen Nutzen treffen darf, durch die Zuwendung zugunsten des Dritten beeinflußt werden soll. Eine solche Zuwendung wird in aller Regel dazu führen, daß die Vergebung der Aufträge und die Vertragsbedingungen zuungunsten des Dienstherrn beeinflußt werden und diesem geschäftliche Nachteile entstehen. Ob der Wille der Vertragschließenden unmittelbar auf die Herbeiführung solcher Nachteile gerichtet ist, hat für die Frage der Sittenwidrigkeit keinen Belang; es genügt, daß die Handelnden sich der Tatumstände bewußt gewesen sein müssen, die ihrer Handlung den Stempel der Sittenwidrigkeit aufdrücken. Heimliche Abmachungen nach Art des streitigen Vertrags widersprechen den einfachsten und grundlegenden Regeln geschäftlichen Anstandes und kaufmännischer guter Sitte und können auch dann nicht zugelassen werden, wenn sie tatsächlich keine Nachteile für den Dienstherrn oder die Mitbewerber herbeigeführt haben. Es war auch gleichgültig, ob der Dienstherr des Klägers das Beteiligungsverhältnis gestattet haben würde, wenn er davon Kenntnis gehabt hätte, und ob er es nach erlangter Kenntnis duldete. Der Kläger hatte noch beantragt, eine Auskunft des Reichskraftwagenbetriebsverbandes darüber einzuholen, daß ein derartiger Vertrag nicht als sittenwidrig anzusehen sei. Die Rechtsfrage, ob der Vertrag gegen die guten Sitten verstieß, unterlag aber allein der Beurteilung durch das erkennende Gericht, dessen Auffassung durch eine Stellungnahme des Reichskraftwagenbetriebsverbandes nicht geändert würde. Das Berufungsgericht hatte den vom Beklagten angebotenen Beweis, daß der Vertrag sich tatsächlich zum Nachteil des Dienstherrn des Klägers ausgewirkt habe, abgelehnt. Dieser Nachweis war nicht erforderlich, um die Sittenwidrigkeit des Vertrags zu begründen. Nach der Lebenserfahrung ist es die Regel, der typische Geschehensablauf, daß heimliche Zuwendungen an Angestellte, die versprochen oder gewährt werden, um eine Bevorzugung beim Abschluß von Verträgen, insbesondere bei Vergebung von Aufträgen, zu erzielen, die Verträge zuungunsten des Dienstherrn des Angestellten beeinflussen. Die Anwendung der Grundsätze vom Beweis des ersten Anscheins rechtfertigt es daher, daß regelmäßig nicht der die Benachteiligung zu beweisen hat, der sich auf die Sittenwidrigkeit des Vertrags beruft, sondern daß dem Gegner der Nachweis obliegt, die Zuwendungen an den Angestellten seien ohne eine dem Dienstherrn nachteilige Einwirkung auf den Abschluß der Verträge geblieben. (II, 20. September 1939.)

Amtl. Sammlg. S. 229—234.

Vgl. Bd. 97 S. 253; Bd. 120 S. 144; Bd. 130 S. 131; Bd. 132 S. 131; Bd. 134 S. 43; Bd. 136 S. 236, 359.

42. **Doppelversicherung.** (ÖstABGB. §§ 863, 888. 889; TschechoslVersVertG. §§ 54, 162.) Gegen Feuerschaden war bei zwei Versicherungsgesellschaften Versicherung genommen worden; beim Abschluß des zweiten Vertrags hatte der Versicherungsnehmer der Versicherungsgesellschaft von dem Bestehen des ersten Vertrags Mitteilung gemacht. Nachdem ein Brandschaden eingetreten war, wurde in dem nach den Allgemeinen Versicherungsbedingungen der zweiten Gesellschaft durchgeführten Schiedsverfahren der Schaden festgestellt und unter die beiden Gesellschaften aufgeteilt. Die erste Gesellschaft lehnte eine Zahlung ab. Die Klage gegen die zweite Gesellschaft auf Ersatz des vollen Schadens wurde in zwei Rechtszügen abgewiesen. Das Reichsgericht verwies die Sache zurück. Nach § 54 des tschechoslowakischen Gesetzes über den Versicherungsvertrag haftet bei mehrfacher Versicherung jeder Versicherer für den ganzen Schaden bis zur Höhe der ihm vertragsgemäß obliegenden Leistung. Ob diese Vorschrift auch auf Versicherungen Anwendung findet, die vor dem Inkrafttreten des Gesetzes abgeschlossen worden sind, blieb dahingestellt; die Berechtigung der Klage ergab sich schon aus allgemeinen Bestimmungen. Es kam darauf an, ob die Parteien bei Vertragsschluß trotz der schon bestehenden Versicherung bei der ersten Gesellschaft eine Haftung der zweiten Gesellschaft in voller Höhe des Schadens, natürlich unter Beschränkung auf die vereinbarte Versicherungssumme, begründen wollten. Das folgte schon daraus, daß der Kläger der Beklagten die bestehende Versicherung mitgeteilt und die Versicherung bei ihr zu dem gleichen Beitragssatz abgeschlossen hatte, den er dort bezahlte. Die Beklagte konnte sich auf eine andere Auffassung nicht berufen, weil sie diese nicht zum Ausdruck brachte. Im Schiedsverfahren konnte eine Verteilung des Schadens unter die beiden Gesellschaften nicht vorgenommen werden. (VIII, 21. September 1939.) Amtl. Sammlg. S. 234—236.

43. **Schul- und Kirchenämter. Auseinandersetzung. Gemeinschaftliches Vermögen.** (PrVolksSchulUnterhG. § 30; PrTrennG. vom 7. September 1938 § 2.) Zwischen einer Gemeinde und einer Kirchengemeinde wurde im Jahr 1860 ein Vertrag geschlossen, wodurch sich die Gemeinde verpflichtete, auf ihre Kosten ein neues Schul- und Küsterhaus zu bauen, in diesem Dienstwohnungen für den Chor-

leiter und Organisten einzurichten und sie diesen frei zu gewähren; die Kirchengemeinde überließ dafür der Gemeinde das ihr gehörige alte Schul- und Küsterhaus. Der Vertrag wurde durchgeführt. Im Jahr 1936 ordnete der Regierungspräsident die Trennung der Kirchen- und Schulämter an. Die Gemeinde hielt sich infolgedessen nicht mehr zur Gewährung der Dienstwohnungen an die beiden Kirchenbeamten verpflichtet und klagte auf Feststellung, daß die Kirchengemeinde hierauf keinen Anspruch mehr habe. Das Berufungsgericht gab der Klage statt. Das Reichsgericht wies sie ab. Durch das preußische Gesetz vom 7. September 1938 wurden dauernd vereinigte Schul- und Kirchenämter mit Wirkung vom 1. Oktober 1938 getrennt. Über das Vermögen der vereinigten Ämter findet eine Auseinandersetzung statt, über die unter Ausschluß des ordentlichen Rechtswegs eine beim Regierungspräsidenten eingerichtete Schiedsstelle endgültig entscheidet. Wenn das Gesetz seinem Wortlaut nach nur auf solche Ämter Anwendung findet, die am 1. Oktober 1938 getrennt wurden, liegt es doch nahe, es auch für früher getrennte Ämter anzuwenden. Im vorliegenden Rechtsstreit war indessen die Frage, ob für die Vermögensauseinandersetzung zwischen den Parteien das neue Gesetz oder das Volksschulunterhaltungsgesetz vom 28. Juli 1906 maßgeblich war, nicht zu entscheiden; hier handelte es sich nur um die Zulässigkeit des Rechtswegs, die nur dann verschieden beurteilt werden könnte, wenn die Begriffe der Vermögensauseinandersetzung in den beiden Gesetzen voneinander abweichen würden. Das ist aber nicht der Fall. Nach dem neuen Gesetz soll eine Auseinandersetzung über das Vermögen der bisher vereinigten Ämter zwischen den Beteiligten stattfinden. Beteiligt sind nicht die Ämter, weil sie regelmäßig nicht Träger von Rechten sein können, sondern die politische und die kirchliche Gemeinde. Unter Vermögen der vereinigten Ämter ist das Vermögen der Beteiligten zu verstehen, soweit es für Zwecke der vereinigten Ämter bestimmt ist. In diesem Sinne ist aber auch das Vermögen zu verstehen, über dessen Auseinandersetzung nach dem Volksschulunterhaltungsgesetz der Oberpräsident zu beschließen hat. Das Berufungsgericht hatte angenommen, daß eine Auseinandersetzung nicht stattfinden könne, weil kein gemeinschaftliches Vermögen vorhanden sei. Das auseinanderzusetzende Vermögen braucht aber keineswegs den beteiligten Gemeinden gemeinschaftlich zu gehören; es genügt, daß es einem gemeinsamen Zweck gewidmet ist. Bei der Auseinandersetzung entscheidet nicht das Privateigentum allein; es kann auch das öffentliche Recht einen wesentlichen Einfluß üben. Es handelt sich um die Lösung der Gebundenheit, wenn die Sachen „Zugleichzwecken" dienen; die Auseinandersetzung hat begrifflich zum Gegenstande die Klarstellung der Rechte an den einzelnen Vermögensstücken unter Aufhebung der Gemeinschaft und unter Lösung der sich bisher daraus ergebenden Beziehungen. Unrichtig war auch die Ausführung des Berufungsgerichts, daß die Klägerin keine Auseinandersetzung wünsche, sondern nur die Feststellung des bereits eingetretenen Erlöschens des Wohnungsrechts begehre. Das konnte aber erst nach der Auseinandersetzung gelten und es ging nicht an, dieser dadurch vorzugreifen, daß über eine einzelne Rechtsbeziehung ein Feststellungsurteil des ordentlichen Gerichts erwirkt wurde. Daß die Klägerin mit dem Wegfall des Wohnungsrechts zu einer Entschädigung verpflichtet war, hatte sie selbst anerkannt. (IV, 20. September 1939.) Amtl. Sammlg. S. 236—243. Vgl. Bd. 111 S. 53; Bd. 127 S. 253; Bd. 133 S. 74; Bd. 139 S. 160; JW. 1926 S. 1446, 2286.

44. Wasserbenutzung. Wasserverbrauch. Dingliches Recht. Geständnis. Beweislast. (PrWassG. §§ 24, 379; ZPO. § 288.) Aus einem Bach, der von mehreren Quellen gespeist wurde, entnahm eine daran gelegene Brauerei Wasser zur Herstellung von Bier und zum Reinigen ihrer Gerätschaften. Die Stadt, der der Bach gehörte, legte an diesem ein Staubecken an. Die Brauerei behauptete, daß dadurch das Wasser verunreinigt und für ihre Zwecke unbrauchbar geworden sei; sie klagte auf Schadenersatz. Das Berufungsgericht wies die Klage ab. Das Reichsgericht verwies die Sache zurück. Die Entnahme von Wasser aus dem Bach beruhte auf landesherrlichen Verleihungen, die mehr als ein Jahrhundert zurücklagen; Urkunden darüber waren nicht vorhanden, doch waren die Rechte von der Stadtverwaltung in besonderen Urkunden mit beigefügten Zeichnungen zuletzt im Jahr 1908 bestätigt worden. Die Klägerin hatte mehrere solche Gerechtsame erworben; im Wasserbuch war nur eine davon eingetragen.

Ein Antrag, die übrigen Rechte einzutragen, war als ungenügend begründet nicht weiter behandelt worden. Die Stadt hatte im ersten Rechtsgang die Rechte der Klägerin nicht bestritten; im zweiten Rechtsgang hatte sie die Auffassung vertreten, daß die Berechtigungen von den Grundstücken, für die sie verliehen waren, nicht getrennt werden könnten, daß sie nur zum Gebrauch des Wassers, nicht aber zur Entnahme von Wasser berechtigten und daß jedenfalls die Rechte zufolge nicht rechtzeitiger Anmeldung zum Wasserbuch untergegangen seien. Die Entscheidung hing in erster Reihe davon ab, ob die Klägerin Sonderrechte an dem Bach dargetan hatte und welchen Inhalt sie hatten. Aus einem Recht auf Wasserentnahme ergibt sich noch kein Anspruch auf eine bestimmte Wasserzufuhr; dafür wäre ein Recht dieses besonderen Inhalts notwendig, wovon nichts behauptet worden war. Schadenersatz für Wasserverunreinigung kann nur gefordert werden, wenn in ein rechtlich geschütztes Gut eingegriffen wird. Daß der Klägerin solche Sonderrechte zustanden, ergab sich noch nicht daraus, daß die beklagte Stadt das im ersten Rechtsgang nicht bestritten hatte. Ein Geständnis im Sinne des § 288 ZPO. war darin nicht zu finden, da es sich nicht um Tatsachen, sondern um rechtliche Folgerungen aus solchen handelte. Auch von einer Umkehrung der Beweislast zugunsten der Klägerin konnte keine Rede sein. Das Berufungsgericht hatte angenommen, daß die Gerechtsamen als Grunddienstbarkeiten nur zusammen mit dem Grundstück, für das sie verliehen waren, hätten veräußert werden können. Das erklärte das Reichsgericht für unrichtig. Derartige, im Hoheitsrecht fußende und darum auf öffentlichrechtlichem Gebiet liegende Verleihungen richten sich nicht nach den Vorschriften des bürgerlichen Sachenrechts. Sie können ihren eigenartigen Inhalt von vornherein haben oder im Laufe der Zeit bekommen durch eine mit dem Bewußtsein, daß das so Recht sei, gehandhabte Übung. Eine Ortssatzung vom Jahr 1888 sah einen Verkauf der Rechte ohne das Grundstück, dem sie verliehen waren, ausdrücklich vor; die Beklagte hatte auch nicht bestritten, daß solche Rechte üblicherweise gehandelt wurden. Diese Frage war noch zu prüfen. Soweit Vorgänge aus alten Zeiten nicht mehr aufzuklären waren, konnte aus dem, was aus neuerer Zeit erhellte, der Schluß gerechtfertigt sein, daß die spätere unbeanstandete Handhabung dem alten Rechtsinhalt entsprach. Daß die Gerechtsame der Klägerin sich auf den Gebrauch des Wassers beschränkten, einen Verbrauch aber nicht gestatteten, war nicht dargetan; es war gleichgültig, wie die früheren Inhaber der Gerechtsame diese ausnutzten. Die Klägerin hatte ihre Rechte zum Eintrag in das Wasserbuch rechtzeitig angemeldet und Nachlieferung der Unterlagen in Aussicht gestellt; daß die Verwaltungsbehörde die Anmeldung nicht für ausreichend hielt, um das Eintragungsverfahren einzuleiten, konnte der rechtserhaltenden Wirkung des Antrags keinen Abbruch tun. Es war Sache des Prozeßrichters, zu prüfen, ob der Antrag zur Rechtswahrung ausreichte. Regelmäßig genügen Angaben über die Person des Berechtigten, den Wasserlauf sowie Art und Inhalt der beanspruchten Benutzung. Der Unternehmer einer den Wasserlauf verunreinigenden Anlage haftet für jeden daraus entstehenden Schaden, wenn er nicht den Entlastungsbeweis erbringt. (V, 21. September 1939.). Amtl. Sammlg. S. 243—253.

45. **Prozeßvergleich. Widerruf.** (BGB. §§ 130, 157.) In einem gerichtlichen Vergleich behielt sich die Beklagte das Recht des Widerrufs binnen einer Frist von drei Wochen vor für den Fall, daß ihre Tochter und deren Ehemann, ein Sohn der Klägerin, dem Vergleich nicht zustimmen sollten. Über die Form des Widerrufs wurde nichts vereinbart. In einem beim Prozeßgericht eingereichten Schriftsatz erklärte der Anwalt der Beklagten kurz vor Ablauf der Frist den Widerruf, weil die vorbehaltene Zustimmung nicht eingegangen sei; die Klägerin erhielt hievon nach Ablauf der Frist Kenntnis. Sie beantragte im anhängigen Verfahren die Feststellung, daß der Vergleich rechtswirksam sei. Das Berufungsgericht gab dem Antrag statt. Die Revision der Beklagten hatte keinen Erfolg. Der Streit über die Wirksamkeit des Widerrufs und damit des Prozeßvergleichs selbst stellte dessen prozeßbeendende Wirkung aus Gründen in Frage, die nicht, wie etwa eine Anfechtung des Vergleichs, aus dem Rahmen des Rechtsstreits herausfielen; die Entscheidung der Frage im anhängigen Verfahren war also unbedenklich zulässig. Mangels einer entgegenstehenden Vereinbarung hätte der Widerruf, um wirksam zu sein, innerhalb der vorgesehenen Frist gegenüber der Klägerin oder ihrem Prozeßbevoll-

mächtigten erklärt werden müssen; durch die Mitteilung an das Prozeßgericht konnte diese Erklärung nicht ersetzt werden. Der gerichtlich abgeschlossene Vergleich hat zwei Seiten: eine die streitigen Ansprüche regelnde sachlichrechtliche und eine die Beendigung des Verfahrens herbeiführende verfahrensrechtliche. Der Vorbehalt des Widerrufs seitens der Parteien oder einer von ihnen ist Gegenstand des sachlichrechtlichen Vergleichsinhalts; die Ausübung des Rechts erfordert eine Willenserklärung sachlichrechtlicher Art, die, wenn sie nicht — was den Parteien freisteht zu vereinbaren — gegenüber dem Prozeßgericht abgegeben werden soll, nach allgemeinen Grundsätzen (§ 130 BGB.) empfangsbedürftig ist, also in dem Zeitpunkt wirksam wird, wo sie dem Vergleichsgegner zugeht. Dem steht nicht entgegen, daß der Vorbehalt des Widerrufs auch für die verfahrensrechtliche Seite des Vergleichs insofern Bedeutung hat, als die Prozeßbeendigung bis zum Wegfall der Widerrufsmöglichkeit noch nicht endgültig ist. Dieser Umstand macht aber den Widerruf selbst zu keiner verfahrensrechtlichen Parteihandlung. In Frage kam, ob nicht beim Schweigen des Vergleichs über die Form des Widerrufs ein Einverständnis der Parteien anzunehmen war, daß er an das Prozeßgericht gerichtet werden sollte. Die Frage war im Wege der Vertragsauslegung zu beantworten. Das Berufungsgericht hatte sie verneint. Das Reichsgericht hatte sich, da sich die Auslegung nur mit dem sachlichrechtlichen Inhalt des Vergleichs zu befassen hatte, auf die Prüfung zu beschränken, ob die Auslegung möglich war und gesetzlichen Auslegungsregeln nicht widersprach. Nach keiner Richtung ergaben sich rechtliche Bedenken. Allerdings war, wie das Berufungsgericht festgestellt hatte, in seinem Bezirk üblich, als Form des Widerrufs die Einreichung der Erklärung beim Prozeßgericht zu vereinbaren. Es bestand aber doch die Möglichkeit, daß die Parteien hievon hatten abweichen wollen; jedenfalls fehlte eine Übereinstimmung über diese Form des Widerrufs. Das Fehlen einer solchen Übereinstimmung bedeutet auch keine Lücke im Vertrag, die im Wege ergänzender Auslegung hätte ausgefüllt werden müssen. (VII, 26. Sept. 1939.) Amtl. Sammlg. S. 253—256. Vgl. Bd. 78 S. 286; Bd. 135 S. 338; Bd. 142 S. 1; Bd. 153 S. 67; Bd. 154 S. 320.

46. Grundstücksteilung nach österreichischem Recht. (Öst.-ABGB. § 843.) Auf einem Grundstück in Mähren standen zwei Häuser, ein altes und ein neues. Einer der Miteigentümer klagte gegen den anderen auf Einwilligung in die gerichtliche Versteigerung des Grundstücks. Der Beklagte widersetzte sich mit der Begründung, die Teilung des Grundstücks in zwei gleichwertige Teile, von denen der eine das alte, der andere das neue Haus umfasse, sei möglich. Das Erstgericht wies die Klage ab; es stellte fest, daß die von dem Beklagten behauptete Teilung möglich sei. Das Berufungsgericht gab der Klage statt. Das Reichsgericht stellte das erste Urteil wieder her. Wie die Grenzlinie zu ziehen war, stand im vorliegenden Rechtsstreit nicht zur Entscheidung; es handelte sich nur darum, ob eine Teilung in Natur möglich war. Das war vom Kläger mit unzulänglichen Gründen bestritten worden. (VIII, 25. September 1939.) Amtl. Sammlg. S. 257—259.

47. Ehescheidung. Parteivernehmung. Österreichisches Recht. (EheG. § 108; ÖstABGB. §§ 99, 115; ÖstEGzZPO. Art. VI Ziff. 1.) In einem Scheidungsverfahren ordnete das Erstgericht die Vernehmung der Parteien zu Beweiszwecken an. Das Berufungsgericht hob das Urteil wegen Verfahrensmangel auf, weil es im Scheidungsverfahren unzulässig sei, die Feststellung eines Scheidungsgrundes auf die Parteivernehmung als alleiniges Beweismittel zu stützen. Der Rekurs hatte keinen Erfolg. Für das Verfahren in Ehesachen ist in Österreich das bisherige Recht sinngemäß anzuwenden. Der Ausschluß der Parteivernehmung als Beweismittel für die Scheidungsgründe ergibt sich allerdings nicht schon aus dem Grundsatz der amtlichen Untersuchung in Ehestreitigkeiten. Auch im Altreich betont das Prozeßrecht in Ehesachen den Untersuchungsgrundsatz, ohne die Parteivernehmung zu verbieten. Die Unzulässigkeit ergibt sich aber aus der ausdrücklichen Vorschrift des österreichischen Einführungsgesetzes zur Zivilprozeßordnung (Art. VI Ziffer 1). Was dort für das Trennungsverfahren angeordnet ist, muß auch für das Scheidungsverfahren gelten. Die Vernehmung der Parteien nicht zu Beweiszwecken, sondern zur Klärung des Sachverhalts, also zur Unterweisung des Gerichts, ist kein Beweismittel; sie ist auch nicht mit Beweisbeschluß anzuordnen und kann zur Begründung des

Urteils nicht als Beweis angeführt werden. (IV, 28. September 1939.) Amtl. Sammlg. S. 259—262.

48. **Vollstreckungsmißbrauch im Konkurs.** (ÖstKO. §§ 14, 61, 109; RG. über Fremdwährungsschulden vom 26. Juni 1936; VO. über die Einführung der Reichsmarkwährung in Österreich vom 17. März 1938; RG. zur Verhütung mißbräuchlicher Ausnutzung von Vollstreckungsmöglichkeiten vom 13. Dezember 1934; VO. über Fremdwährungsschulden vom 5. Dezember 1936.) In einem österreichischen Konkurse wurden folgende Forderungen angemeldet:

120 957 Goldmark und an Kosten 1192 Schilling, zusammen 255 300 Schilling.
84 951 Lire,
3643 holländische Gulden.

Die drei Forderungen wurden nach dem Kurs des Tages der Konkurseröffnung von dem Masseverwalter in Schillingen festgestellt. Nach Anschluß der Ostmark an das Reich und Einführung der Reichsmarkwährung erklärte der neue Masseverwalter auf Grund eines Beschlusses des Gläubigerausschusses, die erste Forderung werde nunmehr ohne Umrechnung über den Schilling in Reichsmark eingestellt, die beiden anderen Forderungen würden ohne Umrechnung über den Schilling nach dem Tage der Einführung der Reichsmarkwährung in Reichsmark umgerechnet. Demgemäß wurden die Forderungen mit 121 753 *RM*, 11 128 *RM* und 5011 *RM* neu festgesetzt. Die Gläubiger wurden hievon benachrichtigt. Eine neue Festsetzungstagung fand nicht statt; die neu festgesetzten Reichsmarkbeträge wurden in das Anmeldungsverzeichnis eingetragen. Auf den Rekurs der Gläubiger verfügte das Rekursgericht, daß die Beurkundung der Neufestsetzung der Forderungen zu unterbleiben habe. Es ging davon aus, daß die in das Anmeldungsverzeichnis eingetragenen Festsetzungserklärungen des früheren Masseverwalters und des Gemeinschuldners keine Gerichtsentscheidung, sondern die Beurkundung bürgerlichrechtlicher Erklärungen darstellten, die nur nach den Bestimmungen des bürgerlichen Rechts angefochten werden könnten; die Gläubiger hätten mit der Eintragung in das Anmeldungsverzeichnis schon Vollstreckungstitel erlangt. Auf den Revisionsrekurs des Masseverwalters wurde der erste Beschluß wiederhergestellt. Die österreichische Konkursordnung läßt die Frage offen, ob die Änderung einer Feststellung im Konkurse überhaupt möglich ist. Die Frage brauchte nicht beantwortet zu werden, denn auch die Feststellung im Konkurse hält Ereignissen gegenüber nicht stand, denen andere Vollstreckungstitel nachgeben müssen, insbesondere gegenüber gesetzlichen Neuregelungen. Der Masseverwalter hatte sich darauf berufen, daß das Beharren auf den bisherigen Feststellungen eine Härte darstellen würde. Damit war eine mißbräuchliche Ausnutzung der durch die Feststellungen geschaffenen Vollstreckungstitel im Sinne des Gesetzes zur Verhütung mißbräuchlicher Ausnutzung von Vollstreckungsmöglichkeiten geltend gemacht. Das Gesetz ist auch im Konkursverfahren anwendbar. Der Antrag des Masseverwalters ersetzte den Antrag des Schuldners. Der frühere Reichsmarkgläubiger würde auf dem Umweg über den Schilling statt 121 753 *RM* einen Betrag von 170 200 *RM* und somit bei einer Konkursquote von 72% mehr erhalten haben als er vor dem Konkurs zu fordern hatte; das hätte zu einer Benachteiligung der übrigen Gläubiger geführt und sich somit als eine dem gesunden Volksempfinden gröblich widersprechende Härte dargestellt. Der Teil der Forderung, der auf Goldmark lautete, war also einfach in Reichsmark anzusetzen. Hiefür bedurfte es keiner neuen Feststellungstagung, noch weniger eines Rechtsstreits; das Vollstreckungsgericht (Konkursgericht) hatte darüber im Beschlußverfahren zu entscheiden. Wenn die beiden anderen Forderungen Zahlungsverbindlichkeiten gegenüber dem Ausland, also Fremdwährungsschulden waren, kam auf sie das Gesetz über Fremdwährungsschulden auf Grund der Verordnung vom 29. April 1938 in Anwendung. Da diese Verordnung mit dem 30. April 1938 in Kraft trat, waren die Forderungen so zu behandeln, als ob an diesem Tage der Konkurs eröffnet worden wäre. Sie waren also mit ihrem Stande an diesem Tage neu festzusetzen unter Berücksichtigung der Abwertung, die ihre Währungen in der Zwischenzeit erfahren hatten. Hiefür wäre allerdings eine Festsetzungstagung anzuordnen gewesen; da aber die Unterlassung nicht gerügt worden war, konnte von einer Aufhebung auch dieses Teiles des Beschlusses abgesehen werden. (VIII, 28. September 1939.)

Amtl. Sammlg. S. 262—266.

49. Verweisung des Rechtsstreits. (ZPO. §§ 276, 606; ÖstJurisdiktionsnorm vom 1. August 1895 § 47.) Vor dem Landgericht Neustrelitz wurde eine Klage auf Ehescheidung erhoben. Während des Rechtsstreits wurde der Ehemann nach St. Pölten in Österreich versetzt. Das Landgericht Neustrelitz verwies den Rechtsstreit dorthin. Das Landgericht St. Pölten verneinte seine Zuständigkeit und gab die Akten zurück. Das Reichsgericht entschied, daß der Rechtsstreit vor dem Landgericht Neustrelitz durchzuführen sei. Zur Zeit der Einbringung der Klage war das Landgericht Neustrelitz sowohl nach deutschem als nach österreichischem Recht zuständig. Eine Abtretung an ein Gericht der Ostmark kam überhaupt nicht in Frage, da eine Verweisung von Streitsachen zwischen Gerichten des Altreichs und der Ostmark derzeit mangels entsprechender Bestimmungen nicht möglich ist. (VIII, 28. September 1939.) Amtl. Sammlg. S. 266—267.
Vgl. Bd. 159 S. 167, 319.

50. Lichtspieltheater. Pacht. Verlängerungsrecht. Preisfestsetzung. Änderung der Geschäftsgrundlage. (BGB. § 242.) Im Jahr 1934 wurde ein Lichtspieltheater bis zum 31. Dezember 1938 gegen einen monatlichen Zins von 1000 *RM* verpachtet. Dem Pächter wurde für den Fall pünktlicher Vertragserfüllung das Recht eingeräumt, bis zum 1. August 1938 zu erklären, daß er das Theater auf weitere 5 Jahre pachten wolle; der Preis war auf Grund der wirtschaftlichen Lage zu vereinbaren. Im Februar 1938 beantragte der Pächter eine Herabsetzung des Pachtpreises; die Preisprüfungsstelle gab dem Antrag statt, indem sie einen Pachtpreis von 8% des Netto-Umsatzes, mindestens aber 300 *RM* und höchstens 450 *RM* festsetzte. Als der Pächter Verlängerung der Pacht verlange, erklärte der Verpächter, daß die Grundlage für dieses Recht durch die Festsetzung des Pachtzinses weggefallen sei. Die Klage des Pächters auf Feststellung, daß die Pacht bis zum 31. Dezember 1943 verlängert sei, wurde vom Berufungsgericht abgewiesen. Das Reichsgericht verwies die Sache zurück. Die Parteien hatten vereinbart, daß der Kläger die Vertragsdauer durch seine einseitige Erklärung um 5 Jahre erstrecken könne, sofern er diese Erklärung fristgemäß abgebe und bis dahin seine Vertragspflichten ordnungsgemäß erfüllt hatte. Für die

Dauer der so herbeigeführten Pachtverlängerung sollte der bisherige Vertragsinhalt weitergelten mit der Ausnahme, daß ein neuer Pachtzins zu vereinbaren war. Dieser Pachtzins sollte durch eine Vergleichung der wirtschaftlichen Lage im Jahr 1938 mit jener im Jahr 1934 ermittelt werden. Konnten sich die Parteien nicht einigen, so war der Preis nach § 315 BGB. durch das Gericht zu bestimmen. Wie die Verlängerungsklausel rechtlich zu beurteilen war, konnte dahingestellt bleiben. Fest stand, daß der Beklagte von vornherein gebunden sein sollte und daß bei pünktlicher Vertragserfüllung nur der Wille des Klägers dafür maßgebend war, ob der Vertrag auf weitere 5 Jahre erstreckt werden sollte. Die behördliche Festsetzung des Pachtzinses hatte zur Folge, daß bis zum 31. Dezember 1938 der festgesetzte Pachtzins an Stelle des vereinbarten galt. Eine solche Änderung konnte an sich eine derartige Erschütterung der Geschäftsgrundlage bedeuten, daß dem Betroffenen nach § 242 BGB. die Fortführung des veränderten Vertrags nicht mehr zugemutet werden konnte. Die gesamte Preisregelung dient aber ausschließlich den allgemeinen Belangen der deutschen Volkswirtschaft; sie soll das Wirtschaftsleben auf einer gesunden Grundlage aufrechterhalten und beleben. Der Gesichtspunkt der Erschütterung der Geschäftsgrundlage hat hier auszuscheiden; der betroffene Vertragsteil bleibt an den Vertrag mit verändertem Preis gebunden und muß ihn durchhalten. Gilt das für einen bestehenden und unbedingten Vertrag, so läßt sich kein Grund finden, einen bedingten Vertrag, ein bindendes Vertragsangebot oder einen Vorvertrag anders zu behandeln; auch bei ihnen würde die deutsche Wirtschaft ebenso ungünstig beeinflußt werden, wenn sie ihre bindende Kraft infolge einer Maßnahme im Rahmen der Preisbildung verlören. Eine Preisfestsetzung für die Verlängerungszeit lag noch nicht vor; aber auch wenn der Bescheid die künftige Vertragsdauer betroffen hätte, wäre das ohne Bedeutung gewesen. Der Beklagte habe behauptet, der Kläger habe, indem er die Festsetzung des Pachtzinses beantragte, seine Vertragspflicht verletzt und damit sein Verlängerungsrecht verloren. Es konnte aber keinesfalls als Vertragsverletzung angesehen werden, wenn der Pächter von einem Behelf Gebrauch machte, den das geltende Recht zum Schutz der gesamten Volkswirtschaft eingeführt hat. Hier handelt es sich mindestens um einen Widerstreit zwischen vertraglicher und öffentlichrechtlicher Pflicht, bei dem selbstverständlich die zweite vorgehen muß. Der Kläger hatte allerdings die Auffassung vertreten, daß der Bescheid der Preisprüfungsstelle auch für die Zukunft maßgebend sei. Ob seine Erklärung in dem Sinne zu deuten war, daß er nur den festgesetzten Pachtzins zahlen wolle, hatte das Berufungsgericht zu prüfen. Wenn das der Fall war, konnte unter Umständen (wenn nämlich ein höherer Pachtzins wirksam hätte vereinbart werden können und keine neue Festsetzung der Behörde ihn beseitigt haben würde) zwischen der Bindung des Beklagten einerseits und der Erklärung des Klägers anderseits ein Zwiespalt bestehen, der das Zustandekommen der Verlängerung hinderte. (IV, 9. Oktober 1939.) Amtl. Sammlg. S. 267—276.

Vgl. Bd. 104 S. 100; Bd. 136 S. 132.

51. Grundurteil. (ZPO. § 304; Tschechosl. ZPO. § 339.) Im Urteil des Kreisgerichts wurde festgestellt, daß die Klägerin durch Verschulden des Beklagten infolge eines Sturzes vom Rade eine Kieferverletzung erlitten habe; der Beklagte wurde verurteilt, den der Klägerin daraus entstandenen Schaden zu ersetzen. Gegen das Urteil legte der Beklagte Berufung ein. Sie wurde verworfen; in den Gründen war die Verletzung der Klägerin als Kieferbruch bezeichnet. Im Verfahren über den Betrag der Entschädigung wurde Beweis über die Art der Verletzung erhoben; daraus ergab sich, daß ein Kieferbruch nicht vorlag. Die Revision vertrat die Auffassung, daß eine Beweisaufnahme über die Wirkungen des Unfalls nicht mehr zulässig gewesen sei. Sie hatte keinen Erfolg. In dem Urteil des Kreisgerichts war die Art der Verletzung nicht festgestellt. Weil gegen das Urteil nur der Beklagte Berufung eingelegt hatte, war ausgeschlossen, daß das Obergericht das Urteil, entgegen dem Gesetz, zugunsten der Klägerin abändern wollte. Im Verfahren über den Grund des Klaganspruchs war also über die Art der Verletzung nicht rechtskräftig entschieden. (VIII, 9. Oktober 1939.)

Amtl. Sammlg. S. 276—277.

Vgl. Bd. 159 S. 320.

52. Uneheliche Vaterschaft. Anerkenntnis. Blutgruppenuntersuchung. Feststellungsklage. (BGB. § 1718; ZPO. §§ 256, 280, 644.) Der Kläger hatte im Jahr 1931 zu gerichtlicher Urkunde die Vaterschaft zu einem unehelichen Kinde anerkannt und sich zur Unterhaltszahlung verpflichtet. Im Jahr 1938 erhob er Klage auf Feststellung, daß er nicht der Vater des Kindes sei. In zwei Rechtszügen wurde die Klage abgewiesen. Das Reichsgericht verwies die Sache zurück. Das Berufungsgericht hatte angenommen, daß der Kläger mit seiner Klage bezwecke, das Nichtbestehen einer blutmäßigen Abstammung zwischen ihm und dem beklagten Kinde festzustellen; hiefür hatte es das erforderliche rechtliche Interesse vermißt. Das Reichsgericht erklärte, daß ein solches Verlangen in der Klage nicht zu finden sei; der Kläger hatte nach richtiger Auffassung nur die Feststellung begehrt, daß das auf den Vorschriften des Bürgerlichen Gesetzbuchs beruhende Rechtsverhältnis zwischen einem unehelichen Kinde und dem als Erzeuger in Anspruch genommenen Manne zwischen ihm und dem beklagten Kinde nicht bestehe. Daran hatte er auch ein rechtliches Interesse. Ob das auch anzunehmen gewesen wäre, wenn er rechtskräftig zur Leistung von Unterhalt verurteilt worden wäre, konnte dahingestellt bleiben; das vollstreckbare Anerkenntnis steht einem rechtskräftigen Urteil nicht gleich, weil es die Unterhaltspflicht nicht endgültig erledigt. Es schneidet nur den Einwand ab, daß ein anderer Mann der Mutter des Kindes während der Empfängniszeit beigewohnt habe; dagegen läßt es den Einwand zu, daß die Mutter das Kind unmöglich aus der Beiwohnung des Anerkennenden empfangen habe. Diesen Einwand hatte der Kläger erhoben und damit begründet, daß eine Blutgruppenuntersuchung den Nachweis dafür erbringen würde. Wenn er mit dem Einwand durchdrang, konnte er das Anerkenntnis nach den Vorschriften über die ungerechtfertigte Bereicherung zurücknehmen. Der Kläger hatte weiter beantragt, die Zwangsvollstreckung aus der Urkunde über das Vaterschaftsanerkenntnis für unzulässig zu erklären. Hierüber hatte das Berufungsgericht noch nicht entschieden. Für diesen Antrag stellte die uneheliche Vaterschaft das Rechtsverhältnis dar, von dessen Bestehen oder Nichtbestehen die Entscheidung abhing. Der Kläger konnte also gemäß § 280 ZPO. die Feststellung durch richterliche Entscheidung verlangen, ohne daß er das Bestehen eines rechtlichen Interesses nachzuweisen brauchte. (IV, 12. Oktober 1939.) Amtl. Sammlg. S. 277—279.

53. **Meistbotverteilung. Widerspruch. Anfechtung. Anwaltspflichten.** (ÖstABGB. § 1009; TschechoslAnfO. § 14; ÖstAnfO. § 13; ÖstExekO. §§ 213, 232.) Im Jahr 1934 wurde in Mähren ein Grundstück im Zwangsweg versteigert. Auf das Meistgebot erhoben vier Gläubiger auf Grund von Pfändungspfandrechten in nachstehender Reihenfolge Anspruch: L. für 4000 Kronen, R. für 4500 Kronen, F. für rund 3300 Kronen, G. für rund 17000 Kronen. Gegen die Forderung L. erhob G. Widerspruch. Das Meistbot wurde der Gläubigerin L. zugeteilt; die Gläubigerin G. wurde auf den Rechtsweg verwiesen. Sie beauftragte einen Anwalt mit der Verfolgung ihrer Rechte. Dieser brachte eine Klage ein, worin begehrt war, daß der Gläubigerin G. gegenüber, soweit das zu ihrer Befriedigung notwendig erscheine, die Forderung der L. und das dafür erworbene Pfandrecht für unwirksam erklärt werde. Der Klage wurde stattgegeben. Bei der neuerlichen Meistbotverteilung wurde das gesamte Meistbot der Klägerin zugeteilt. Dieser Beschluß wurde aber vom Rekursgericht aufgehoben, weil mit Rücksicht auf § 232 der österreichischen Exekutionsordnung vom 27. Mai 1896 der auf die angefochtene Forderung entfallende Teil des Meistbots nicht der Klägerin, sondern den auf die angefochtene Forderung zunächst folgenden Zwischenpfandgläubigern nach ihrer Rangordnung, der Klägerin aber nur ein etwaiger Restbetrag zukomme. Das Oberste Gericht in Brünn bestätigte diesen Beschluß. Bei der neuerlichen Verteilung entfiel auf die Klägerin nur ein Betrag von 1225 Kronen. Ihr Rekurs blieb erfolglos. Nun erhob sie Schadenersatzklage gegen ihren damaligen Anwalt, weil er nicht eine Anfechtungsklage, sondern eine Widerspruchsklage eingebracht habe. Die Klage wurde in allen Rechtszügen abgewiesen. Das Berufungsgericht hatte die Abweisung damit begründet, daß der Beklagte für den Mißerfolg der Klage nicht haftbar sei, weil diese dem ihm erteilten Auftrag entsprochen habe. Das erklärte das Reichsgericht für unhaltbar. Die Klägerin war nicht rechtskundig; sie kannte den Unterschied zwischen einer Widerspruchsklage und einer Anfechtungsklage nicht und hätte

wohl auch eine Belehrung darüber nicht verstanden. Es ist Sache des Anwalts, seiner Partei die Schritte zu empfehlen, die zu dem angestrebten Ziele führen. Selbst der Auftrag der Partei zu einer zweckwidrigen Klage könnte den Anwalt von seiner Verantwortung nur dann befreien, wenn er seiner Partei vorher die Folgen vorgestellt und ihr den richtigen Weg empfohlen hätte. In der Prozeßführung des Beklagten lag aber keine schuldhafte Schädigung der Klägerin. Die im Exekutionsverfahren auch vom Obergericht Brünn geteilte Rechtsansicht erklärte das Reichsgericht für unrichtig. Ein durchschlagender Erfolg für die Klägerin hätte sich auch mit der vom Beklagten eingebrachten Widerspruchsklage erzielen lassen. Es kann keinen Unterschied machen, ob ein Anfechtungsanspruch mit selbständiger Klage oder im Rahmen eines Exekutionsverfahrens mit Widerspruchsklage geltend gemacht wird. In beiden Fällen hat die Anfechtung eines vorangehenden Pfandrechts durch einen Gläubiger späteren Ranges keineswegs die Folge, daß das angefochtene Recht zugunsten aller dem Anfechtungsbeklagten nachfolgender Gläubiger wegfällt, sondern nur die Folge einer unbedingten Unwirksamkeit des angefochtenen Rechts zugunsten der Forderung des Anfechtungsklägers ohne Rücksicht auf dessen Rang. Es findet also kein Vorrücken der Zwischenpfandgläubiger statt, die eine Anfechtung unterlassen haben. Die Bestimmungen der §§ 213, 232 ExekO. haben für die Anfechtung nicht zu gelten, weil durch die Anfechtung nicht das Ausfallen eines bestrittenen Rechts bewirkt werden soll; das Ergebnis der Anfechtung ist vielmehr, daß der siegreich anfechtende Gläubiger das, was durch die angefochtene Rechtshandlung aus dem Vermögen des Schuldners herausgelangt ist, zu seiner Befriedigung beanspruchen kann (§ 14 TschechoslAnfO., § 13 ÖstAnfO.). Nach dieser gesetzlichen Vorschrift ist die Wirkung der Anfechtung auf das Verhältnis zwischen den Parteien beschränkt; Gläubiger, welche die Anfechtung nicht vornehmen können oder wollen, haben keinen Anspruch auf das, was durch die anfechtbare Handlung veräußert wurde. Die vom Beklagten eingereichte Klage war sowohl Widerspruchsklage als Anfechtungsklage; die Anfechtung lag schon in der mündlichen Erhebung des Widerspruchs. Daß die Gerichte sich dieser der Prozeßführung des Beklagten zugrunde liegenden richtigen Auffassung nicht anschlossen, hatte der Beklagte nicht zu verantworten. Er hätte allerdings auf die Auffassung des Obersten Gerichts in Brünn Bedacht nehmen und neben der Widerspruchsklage eine selbständige Anfechtungsklage einbringen können; da aber seine Auffassung die richtige war, konnte ihm kein Vorwurf daraus gemacht werden, daß er diesen Weg nicht einschlug. Auf alle möglichen Auffassungen Bedacht zu nehmen, kann einem Anwalt auf einem so schwierigen Rechtsgebiete nicht zugemutet werden. Im vorliegenden Rechtsstreit hatte der Beklagte allerdings den Standpunkt vertreten, daß die Erhebung einer Anfechtungsklage unmöglich gewesen wäre. Entscheidend war aber nicht die irrige Meinung, die hierdurch zum Ausdruck kam, sondern die Haltung, die der Beklagte tatsächlich im Exekutionsverfahren eingenommen hatte. (VIII, 7. September 1939.)

Amtl. Sammlg. S. 280—285.

54. Ordnungsstrafe. Rekurs. (ÖstZPO. §§ 86, 514, 519; ÜberlVO. vom 28. Februar 1939 § 4.) In einem Eheverfahren verhängte das Oberlandesgericht Ordnungsstrafen gegen die Klägerin und ihren Vertreter, weil in der beim Landgericht eingereichten Berufungsschrift beleidigende Ausfälle gegen den erkennenden Einzelrichter des ersten Gerichtszugs und gegen den Beklagten enthalten waren. Die Klägerin und ihr Vertreter brachten gegen diesen Beschluß Rekurs an das Reichsgericht ein. Dieses erklärte ihn für unzulässig. Das Oberlandesgericht war mit dem Beschluß als Gericht des ersten Rechtszugs tätig geworden, weil es den Beschluß nicht in Überprüfung einer Entscheidung des Untergerichts gefaßt hatte. Wenn der Rekurs zulässig war, ging er an das Reichsgericht. § 519 ÖstZPO. schließt den Rekurs gegen die im Berufungsverfahren ergangenen Beschlüsse des Berufungsgerichts aus; es wird kein Unterschied gemacht, ob das Berufungsgericht den Beschluß als Gericht des ersten oder des zweiten Rechtszugs erlassen hat. Der Auffassung, daß Beschlüsse, durch die eine Ordnungsstrafe verhängt wird, überhaupt keine Beschlüsse in Ausübung der Gerichtsbarkeit, sondern solche in Ausübung der Aufsichtsgewalt seien, schloß sich das Reichsgericht nicht an. Die Zweifelsfrage hat jetzt ihre Erledigung durch die Überleitungsverordnung vom 28. Februar 1939 gefunden, durch die Rekurse gegen Beschlüsse der Oberlandesgerichte in bürgerlichen Rechtsstreitigkeiten schlechthin ausgeschlossen sind. (IV, 16. Oktober 1939.)

Amtl. Sammlg. S. 286—288.

55. **Stiftung. Aufsichtsrecht. Amtspflichtverletzung. Mitverschulden.** (BGB. §§ 31, 80, 89, 254, 839; PrStaatsHaftG. vom 1. August 1909; PrG. vom 10. Juli 1924 betreffend die Änderung von Stiftungen.) In einem Testament, das im Jahr 1856 im Gebiete des französisch-rheinischen Rechts errichtet wurde, verfügte der Erblasser, daß bestimmte Teile seines Vermögens zur Begründung einer Familienstiftung verwandt werden sollten; ein Teil der Einkünfte sollte einem Krankenhaus zugewandt werden; nach etwaigem Aussterben der berechtigten Familienmitglieder sollte das Vermögen der im Gebiete des preußischen Landrechts liegenden Stadt D. zufallen. Der Bürgermeister und Magistrat der Stadt D. sollten den Verwaltungsrat der Stiftung bilden; der Bürgermeister (im Falle seiner Ablehnung eine vom Verwaltungsrat zu wählende Person) als Rendant die Kasse, die Bücher und den Schriftverkehr führen. Die Stiftung wurde staatlich genehmigt. Bis zum Jahr 1922 übten die jeweiligen Bürgermeister die Aufgaben des Rendanten aus; dann wurde ein Stadtsekretär, der schon seit mehreren Jahren die Jahresabrechnungen aufgestellt hatte, aushilfsweise mit der Führung der Rendantur beauftragt. Er behielt die Kassengeschäfte auch bei, nachdem im Jahr 1925 der Bürgermeister wieder die Rendantur übernommen hatte. Im Jahre 1934 wurde festgestellt, daß der Stadtsekretär mehr als 20000 *RM* unterschlagen hatte. Die städtischen Behörden lehnten nunmehr ab, weiter für die Stiftung tätig zu sein. Im Auftrag des Landrats wurde die Verwaltung der Stiftung einem Rechtsanwalt übertragen; der Regierungspräsident änderte in diesem Sinne die Satzung der Stiftung ab. Der Rechtsanwalt erhob Klage gegen die Stadt auf Schadenersatz. Sie drang in allen Rechtszügen durch. Sowohl nach französisch-rheinischem als nach preußischem Landrecht ist die Errichtung von Stiftungen zulässig; staatliche Anerkennung ist nach beiden Rechten erforderlich. Eine ausdrückliche Vorschrift über die Form der Errichtung enthält das französisch-rheinische Recht nicht; die Einhaltung der Testamentsform ist als

ausreichend anzusehen. Da die Stiftung nicht ausschließlich für Familienmitglieder bestimmt war, unterstand sie der Aufsicht der Verwaltungsbehörde. Nachdem die städtischen Behörden, denen die Verwaltung durch die Satzung übertragen war, eine weitere Tätigkeit für die Stiftung abgelehnt hatten, war durch Anordnung der Aufsichtsbehörde dem Rechtsanwalt, der die Klage erhob, die Verwaltung übertragen worden. Bedenken wegen mangelnder Parteifähigkeit oder mangelnder gesetzlicher Vertretung bestanden also nicht. Die Verwaltung der Stiftung war als Gemeindeangelegenheit anzusehen, wenn auch durch die Satzung die Tätigkeit der einzelnen Organe besonders geregelt war. Die damit betrauten Beamten handelten also auch hiebei als Beamte der Stadt im Bereiche der ihnen im Rahmen der Stadtverwaltung obliegenden Amtspflicht. Die Betätigung lag nicht in einem bürgerlichrechtlichen Geschäftskreise, sondern im Bereich der öffentlichen Verwaltung der Gemeindeangelegenheiten, und zwar auch im Bereich der Fürsorge, wenn die Stiftung, wie hier, Mittel für die Krankenfürsorge vorsah. Die Amtspflichten der städtischen Beamten erstreckten sich der Natur der Sache nach auf die Überwachung der vom Bürgermeister mit der Führung der Geschäfte betrauten Personen. Diese Amtspflichts bestand sowohl der mit Rechtspersönlichkeit ausgestatteten Stiftung selbst gegenüber als auch gegenüber den an dem Stiftungsvermögen beteiligten Nutznießern. Sie war schuldhaft verletzt worden. Die beklagte Stadt haftete also nach § 839 BGB. in Verbindung mit dem preußischen Staatshaftungsgesetz vom 1. August 1909 auf Schadenersatz. Eine andere Stelle, von der die Klägerin Ersatz erhalten konnte, kam nicht in Frage. Die §§ 31, 89 BGB. kamen nicht zur Anwendung, da es sich nicht um die Ausführung bürgerlichrechtlicher Verrichtungen von Vertretern der Stiftung handelte. Ein Mitverschulden der Klägerin hatte die beklagte Stadt darin erblicken wollen, daß die zum Stiftungsgenuß berechtigten Familienmitglieder von ihrem gesetzmäßigen Recht zur Überwachung der Stiftung keinen Gebrauch gemacht hätten. Die Schuld von Familienmitgliedern war aber keine Schuld der Klägerin. (IV, 9. Oktober 1939.)

Amtl. Samml. S. 288—296.

Vgl. Bd. 131 S. 239; Bd. 155 S. 266.

56. **Ausländische Aktiengesellschaft. Anwendung ausländischen Rechts. Abstimmungsvertrag. Gute Sitten. Unmöglichkeit.** (BGB. §§ 134, 138, 308.) F. und M. beteiligten sich an der Gründung einer Aktiengesellschaft in Dänemark. Schon vor Abschluß des Gründungsvertrags trafen sie in Berlin eine schriftliche Vereinbarung, worin sie sich gegenseitig verpflichteten, ihr Stimmrecht stets im Einvernehmen miteinander auszuüben; falls ein solches Einvernehmen nicht zu erzielen wäre, sollte die Auffassung von F. maßgebend sein. Nach mehreren Jahren erklärte M., daß er seine Unterschrift unter die Vereinbarung zurückziehe und sich damit als von dieser entbunden betrachte. F. klagte auf Feststellung, daß die Vereinbarung unverändert zu Recht bestehe. Das Berufungsgericht wies die Klage ab. Das Reichsgericht verwies die Sache zurück. Mit Recht hatte das Berufungsgericht die Wirksamkeit der Vereinbarung und die sich daraus für die Parteien ergebenden Rechte und Pflichten nach deutschem Recht beurteilt. Es handelte sich dabei um rein schuldrechtliche Verpflichtungen der Vertragsteile untereinander, durch welche die Abstimmung in der Generalversammlung sachlich nicht berührt wurde. Für das anzuwendende Recht war vor allem der Parteiwille maßgebend. Da eine ausdrückliche Vereinbarung hierüber nicht getroffen worden war, mußte aus den Umständen entnommen werden, welches Recht sie verständigerweise als maßgebend gewollt hätten, wenn sie die Frage geregelt hätten. Der Ort des Vertragsschlusses und die deutsche Reichsangehörigkeit der Parteien sprachen für die Anwendung deutschen Rechts; dazu kam, daß beide Parteien ihren Wohnsitz in Berlin hatten und daß für sie kein Anlaß bestand, die schuldrechtlichen Bindungen untereinander einem fremden Recht zu unterstellen. Der Auffassung des Berufungsgerichts, daß auch der Erfüllungsort für die Anwendung deutschen Rechtes spreche, trat das Reichsgericht nicht bei. Die Parteien hatten sich gegenseitig verpflichtet, ihr Stimmrecht in einer dänischen Aktiengesellschaft mit dem Sitz in Kopenhagen in bestimmter Weise auszuüben. Diese Verpflichtung war der Natur der Sache nach regelmäßig am Sitz der Gesellschaft zu erfüllen. Der Erfüllungsort ist aber für die Frage, welchem Recht ein schuldrechtlicher Vertrag zu unterstellen ist, nicht allein

maßgebend, wenn ihm auch gerade die deutsche Rechtsprechung eine große Bedeutung beigelegt hat. Maßgebend bleibt vor allem der Parteiwille, und im vorliegenden Falle sprachen alle sonstigen Umstände für die Anwendung deutschen Rechtes. Dänisches Recht war immerhin insofern in Betracht zu ziehen, als zu prüfen war, ob der Vertrag, der Bindungen über die Abstimmung in einer dänischen Aktiengesellschaft enthielt, nicht nach dänischem Aktienrecht verboten war. Ausländische Verbote sind allerdings für den deutschen Richter nicht unbedingt maßgebend und der Verstoß gegen ein ausländisches Gesetz begründet deshalb nicht notwendig die Nichtigkeit eines Rechtsgeschäfts nach § 134 BGB. Die Nichtigkeit kann sich aber aus § 138 BGB. ergeben, wenn das ausländische Verbot durch die deutschen Anschauungen über die guten Sitten, das deutsche gesunde Volksempfinden, gerechtfertigt wird. Nach deutschem Recht werden Abstimmungsverträge unter Aktionären nicht grundsätzlich als rechts- oder sittenwidrig angesehen. Daran ist auch unter den geänderten Lebens- und Rechtsanschauungen der Gegenwart festzuhalten. Wenn das Berufungsgericht der schuldrechtlichen Bindung der Aktionäre in der Abstimmung die Rechtswirksamkeit versagte, hatte das auf die Gültigkeit der Vereinbarung nach deutschem Recht keinen Einfluß. Etwas anderes wäre es, wenn das dänische Aktienrecht die Abgabe der Stimme eines durch einen Abstimmungsvertrag gebundenen Aktionärs für unzulässig erklärte; dann wäre die Vereinbarung auf eine unmögliche Leistung gerichtet und deshalb nach § 306 BGB. nichtig gewesen. Die Stimmabgabe wäre im Verhältnis zur dänischen Aktiengesellschaft auch dann nach dänischem Recht zu beurteilen, wenn die Abstimmung im Gebiete des deutschen Rechts stattfände. Hierüber hatte das Berufungsgericht nichts festgestellt. (II, 17. Juni 1939.)

Amtl. Sammlg. S. 296—301.

Vgl. Bd. 93 S. 182; Bd. 108 S. 241; Bd. 112 S. 273; Bd. 119 S. 386; Bd. 133 S. 90.

57. **Aktiengesellschaft. Jüdisches Vorstandsmitglied. Ruhegehalt.** (BGB. § 315; VO. zur Ausschaltung der Juden aus dem deutschen Wirtschaftsleben vom 12. November 1938; 7. VO. zum Reichsbürgergesetz vom 5. Dezember 1938.) Ein Jude gehörte dem Vorstand einer

Aktiengesellschaft vom Jahr 1916 bis zum Jahr 1932 an. Seit dem Jahr 1924 bezog er ein Monatsgehalt von 900 *RM*. Im Jahr 1932 schied er aus seiner Stellung aus; es wurde ihm ein Monatsgehalt von 300 *RM* monatlich, zunächst bis zum 31. Dezember 1934 bewilligt; für die spätere Zeit sollte der Aufsichtsrat eine neue Feststellung treffen. Ohne daß es zu einer solchen kam, wurde das Ruhegehalt nach dem 31. Dezember 1934 weiter bezahlt. Ende 1937 wollte der Vorstand der Aktiengesellschaft das Ruhegehalt auf monatlich 200 *RM* herabsetzen; als der Empfänger dem widersprach, wurden die Zahlungen eingestellt. Die Klage auf Fortzahlung des Ruhegehalts in der bisherigen Höhe führte zur Festsetzung des Ruhegehalts auf monatlich 225 *RM*. Die Verordnung zur Ausschaltung der Juden aus dem deutschen Wirtschaftsleben schuf die Möglichkeit, jüdische Angestellte unter Wegfall ihrer Ansprüche auf Versorgungsbezüge und Abfindungen auszuschalten. Ob die Verordnung auch auf Fälle anwendbar ist, in denen Juden bereits früher auf Grund der politischen Entwicklung aus ihren Stellen ausgeschieden waren, konnte dahingestellt bleiben, weil das Ausscheiden des Klägers aus seiner Stelle keine politischen Gründe hatte. Der innere Grund der Vorschrift liegt darin, daß auf Grund der Verordnung juristische Personen und Personengesamtheiten Juden aus ihren Vertretungen ausschalten mußten und es eine nicht zu rechtfertigende Härte bedeutet hätte, sie an einer etwa eingegangenen Verpflichtung zur Zahlung von Versorgungsbezügen festzuhalten. Dieser Grund fiel fort, wenn der Jude schon früher ausgeschieden war, ganz besonders dann, wenn für das Ausscheiden keine politischen Gründe maßgebend waren. Gleichwohl würde es sowohl den in der Gesetzgebung der letzten Jahre zum Ausdruck gebrachten Gedanken wie dem gesunden Volksempfinden widersprechen, wenn man einen Juden bei der Festsetzung seines Ruhegehalts nach billigem Ermessen an einer Aufwärtsentwicklung des verpflichteten Unternehmens teilnehmen lassen wollte, die nicht sein Verdienst, sondern eine Folge des allgemeinen, durch die nationalsozialistische Wirtschaftsführung hervorgerufenen Aufschwungs ist. Nach dem Vertrag sollte über die Weiterzahlung des Ruhegehalts nach dem 31. Dezember 1934 der Aufsichtsrat der Gesellschaft nach billigem Ermessen entscheiden. Es entsprach nicht der Billigkeit, wenn die Aktiengesellschaft die Zahlungen völlig einstellte. Das Berufungsgericht hatte demgemäß von sich aus die Festsetzung nach Billigkeit getroffen. Hiegegen war rechtlich nichts einzuwenden. (II, 12. Juli 1939.)

Amtl. Sammlg. S. 301—308.

58. **Kreiskommunalbeamter. Versetzung in den Ruhestand. Vorbescheid. Verwaltung und Rechtsprechung. Treu und Glauben.** (DBeamtG. §§ 143, 146; PrKreisO. für Schleswig-Holstein § 122; PrAnpG. vom 15. Dezember 1933 §§ 1, 2.) Ein Beamter der von einem Kreis in Schleswig-Holstein betriebenen Kreisbahn richtete im Juni 1934 an den Kreis eine Eingabe, worin er seine Versetzung in den Ruhestand vorschlug, falls eine Einigung über die ihm zu gewährenden Bezüge zustande komme. Der Kreisausschuß beschloß am 15. Juni 1934, daß der Beamte mit dem 1. Oktober 1934 in den Ruhestand treten solle. Der Vorsitzende des Kreisausschusses teilte das dem Beamten am 18. Juni 1934 mit und fügte bei, daß sein Ruhegehalt durch einen Privatvertrag festgestellt werden solle. Ein solcher Vertrag wurde am 22. Juni 1934 schriftlich abgeschlossen; er wurde von dem Landrat des Kreises und dem Beamten unterzeichnet. Der Beamte war damals schon wegen Krankheit beurlaubt und tat seitdem keinen Dienst mehr. Am 23. August 1934 erhielt er ein Schreiben des Vorsitzenden des Kreisausschusses vom 28. Juli 1934, worin ihm seine Gebührnisse mitgeteilt wurden. Sie wurden ihm längere Zeit ausbezahlt. Auf Grund einer Nachprüfung beanstandete der Regierungspräsident die Höhe der Bezüge; der Kreisausschuß setzte sie demgemäß herab. Der Beamte erhob Klage auf Fortzahlung der Bezüge. Das Landgericht gab der Klage statt. Im Berufungsverfahren vertrat der Kläger die Auffassung, daß er überhaupt nicht rechtsgültig in den Ruhestand versetzt worden sei, und verlangte Nachzahlung seines vollen Gehalts. Das Berufungsgericht erkannte den Anspruch als begründet an. Die Revision des Kreises hatte keinen Erfolg. Der Kläger hatte während des Verfahrens Vorbescheide des Regierungspräsidenten vorgelegt, worin die Fortzahlung der ihm zugesicherten Beträge abgelehnt war. Diese sprachen sich in ihren Gründen dahin aus, daß der Kläger rechtsgültig in den Ruhestand versetzt sei. Nach

§ 146 DBeamtG. sind Entscheidungen der Verwaltungsbehörden darüber, ob und in welchem Zeitpunkt das Beamtenverhältnis endet, für die Beurteilung der vor dem Gericht geltend gemachten vermögensrechtlichen Ansprüche bindend. Das konnte aber für die Bescheide des Regierungspräsidenten schon deshalb nicht gelten, weil es Sache des Kreisausschusses war, die Beendigung des Beamtenverhältnisses des Klägers auszusprechen. Der Regierungspräsident hatte auch in seinen Bescheiden nicht die Versetzung des Klägers in den Ruhestand angeordnet oder bestätigt, sondern nur über seine vermögensrechtlichen Ansprüche entschieden; die Begründung, die er seinen Bescheiden gegeben hatte, war für die Gerichte nicht maßgebend. Der Vorschrift des § 146 DBeamtG. liegt die Erwägung zugrunde, daß der Grundsatz der richterlichen Nichtgebundenheit an die Entscheidungen anderer Behörden an der bindenden Kraft rechtsgestaltender Verwaltungshandlungen seine Schranke finden muß. Die Selbständigkeit der Verwaltung würde beeinträchtigt werden, wenn den Gerichten schrankenlos die Befugnis zustände, Verwaltungshandlungen für ungültig zu erklären und dadurch in den Gang der Geschäfte einzugreifen, die den Verwaltungsbehörden zur eigenen verantwortlichen Erledigung übertragen worden sind. Dieser Gesichtspunkt gewinnt aber nur bei Verwaltungshandlungen rechtsgestaltenden Inhalts Bedeutung. Er versagt, wenn es sich nicht um Willenskundgebungen der Verwaltungsbehörden handelt, durch die in die vorgefundene Rechtslage mit regelnder, rechtsgestaltender Kraft eingegriffen wird, sondern nur um die lediglich beurteilende, die wirkliche Rechtslage unberührt lassende Überprüfung anderweit gewordener Rechtsvorgänge. Demgemäß war auf die Vorgänge zurückzugehen, in denen eine Versetzung des Klägers in den Ruhestand gefunden werden konnte. Das Berufungsgericht hatte angenommen, daß hierüber an Stelle des früher zuständig gewesenen Kreisausschusses der Landrat zu entscheiden gehabt habe. Das erklärte das Reichsgericht für unrichtig. Das preußische Gesetz über die Anpassung der Landesverwaltung an die Grundsätze des nationalsozialistischen Staates vom 15. Dezember 1933 bezieht sich, wie Name und Inhalt ergeben, nur auf die unmittelbare Staatsverwaltung, nicht auf die Verhältnisse der Selbstverwaltungskörper. Eine Beseitigung des Kreisausschusses oder eine allgemeine Übertragung seiner Befugnisse auf den Landrat als seinen Vorsitzenden hat nicht stattgefunden und ist auch nicht ohne weiteres als Folge der Übertragung des Führergrundsatzes auf die Verwaltung eingetreten. Die Entschließung des Kreisausschusses vom 15. Juni 1934 über die Versetzung des Klägers in den Ruhestand ging also von der dafür zuständigen Stelle aus. Es stand auch nichts im Wege, daß der Kreisausschuß seinen Vorsitzenden ermächtigte, die Versetzung des Klägers in den Ruhestand auszusprechen. Das Schreiben vom 18. Juni 1934 konnte aber nicht in diesem Sinne ausgelegt werden, da eine unumgängliche Voraussetzung für die Versetzung des Klägers in den Ruhestand, nämlich die Feststellung seiner Dienstunfähigkeit, noch fehlte. Möglich war die Auslegung, daß der Vorsitzende des Kreisausschusses mit seinem Schreiben die Versetzung des Klägers in den Ruhestand bedingt aussprechen wollte, so daß sie durch Erfüllung der weiteren Voraussetzungen — Nachweis der Dienstunfähigkeit, vertragliche Regelung der Geldansprüche — zu voller Wirksamkeit gelangen sollte. Die Versetzung eines Beamten in den Ruhestand ist aber ein Verwaltungsakt, der die Hinzufügung von Bedingungen nicht verträgt. Dem Vertrag vom 23. Juli 1934 und dem Schreiben des Vorsitzenden des Kreisausschusses vom 28. Juli 1934 konnte schon ihrem äußeren Inhalt nach der Verwaltungsakt einer Versetzung des Klägers in den Ruhestand nicht entnommen werden. Der Kläger war also nicht mit rechtlicher Wirksamkeit in den Ruhestand überführt worden. Der beklagte Kreis hatte geltend gemacht, daß es gegen Treu und Glauben verstoße, wenn ein früherer Beamter, der nach dem ihm bekannten Willen seiner Anstellungsbehörde und mit seinem Einverständnis in den tatsächlichen Ruhestand getreten war und keine Dienste mehr geleistet hatte, wegen Ungültigkeit der Verfügung, die seine Versetzung in den Ruhestand aussprach, die Nachzahlung seines vollen Beamtengehalts beansprucht. Den Kläger traf aber kein Verschulden daran, daß der vorbehaltlose Ausspruch seiner Versetzung in den Ruhestand unterblieben war. Unter diesen Umständen konnte es ihm nicht verwehrt werden, sich auf die bestehende Rechtslage zu berufen. Die bloße Tatsache, daß er diese eine Zeitlang verkannte und annahm, daß er wirklich in den Ruhestand versetzt sei, konnte keine rechtlichen Wirkungen auslösen. Der Kläger war auch nicht mit seinem Einverständnis in den Ruhestand versetzt worden; er hatte die Zustimmung von der Erfüllung geldlicher Anforderungen abhängig gemacht, deren Erfüllung nunmehr verweigert wurde. (III, 15. September 1939.)

Amtl. Sammlg. S. 308—320

Vgl. Bd. 102 S. 1; Bd 136 S. 232; Bd. 154 S. 193.

59. **Film. Werkvertrag. Gesellschaft. Haftung für Sachmängel.** (KunstschG. § 15; BGB. §§ 493, 537, 581, 631, 705.) Eine Aktiengesellschaft in Wien, die Filme herstellte, stand mit einer Berliner Filmverleiherin in ständiger Geschäftsverbindung. Als sie Forderungen im Gesamtbetrag von rund 94000 *RM* einklagte, rechnete die Beklagte mit Gegenforderungen auf, die sie darauf stützte, daß ein von der Klägerin auf Bestellung der Beklagten hergestellter Film erhebliche Mängel aufgewiesen habe. Die Klage drang in allen Rechtszügen durch. Da sich die Parteien zur gemeinschaftlichen Herstellung und Auswertung des Films zusammengeschlossen, nicht aber die Klägerin ein Werk lediglich für die Zwecke der Beklagten hergestellt hatte, war das Rechtsverhältnis nach den Vorschriften über die Gesellschaft zu beurteilen; daneben war aber eine untergeordnete Heranziehung einzelner Bestimmungen des Werkvertragsrechtes nicht ausgeschlossen, da die gesellschaftsähnliche Leistung der Klägerin in mancher Beziehung als eine in werkvertragsähnlichen Formen zu erbringende aufgefaßt werden konnte. Die Frage, ob bei einem Filmherstellungs- und Verwertungsvertrag der Hersteller dem Verleiher für Beschaffenheitsmängel des Films haftet, bemißt sich nach den Umständen des einzelnen Falles. Eine solche Haftung wird im allgemeinen schon dadurch nahegelegt, daß der Grundsatz der Gewährleistung für Sachmängel das gesamte Schuldrecht bei der entgeltlichen Veräußerung, Herstellung und Gebrauchsüberweisung von Gegenständen durchzieht. § 493 BGB. ist nur der Ausdruck eines allgemeinen Rechtsgedankens. Beim Filmherstellungs- und Verwertungsvertrag kann überdies, wenn werkvertragliche Gesichtspunkte zurücktreten, eine Vergleichsmöglichkeit gefunden werden in der entsprechenden Anwendung der Vorschriften über die

Rechtspacht. In welcher Art und in welchem Umfang die Gewährleistungsvorschriften aus verwandten Rechtsgebieten heranzuziehen sind, kann nur durch die Auslegung jedes einzelnen Vertragsverhältnisses nach Inhalt, Parteiwillen und Zweck bestimmt werden. Insbesondere wird ein gesellschaftsähnlicher Einschlag die entsprechend anzuwendenden Bestimmungen über Gewährleistung vielfach abwandeln. Das Recht und die Pflicht der Beteiligten zur Nachbesserung ergibt sich bei einer gesellschaftsähnlichen Bindung schon aus der gegenseitigen Förderungspflicht der Parteien. Daraus ergab sich, daß die Klägerin zwar nicht nach Gewährleistungsgrundsätzen für denjenigen künstlerischen Minderwert des Films haftete, der auf das vertraglich festgelegte gemeinschaftliche Zusammenwirken der Parteien zurückging, daß sie aber für etwaige sonstige auf ihre Herstellungstätigkeit zurückgehende erhebliche Sachmängel und für zugesicherte Eigenschaften (etwa für eine bestimmte Länge des Films) einzustehen hatte, falls die Nachbesserung nicht möglich war oder trotz Verlangens nicht vorgenommen wurde, es sei denn, daß die Beklagte nicht durch ihr Verhalten zu erkennen gegeben hatte, daß sie auf hieraus hergeleitete Gewährleistungsansprüche verzichte. (I, 26. September 1939.)

Amtl. Sammlg. S. 320—325

Vgl. Bd. 158 S. 321.

60. Ehelichkeit. Blutmäßige Abstammung. (ÖstABGB. §§ 158, 159; ÖstZPO. § 228.) Eine im Jahr 1902 geborene Frau erklärte im Jahr 1938, daß sie nicht von dem Ehemann ihrer Mutter, der Jude gewesen war, abstamme. Ihre gegen den zur Verteidigung der ehelichen Geburt aufgestellten Kurator erhobene Klage wurde in zwei Rechtszügen abgewiesen, weil die Klägerin ein Recht, die Ehelichkeit ihrer Geburt zu bestreiten, nicht zustehe. Das Reichsgericht verwies die Sache an das Erstgericht zurück. Beim Begehren der Klägerin handelte es sich um eine Entscheidung in offenbarem Widerspruch zu bestehenden Gesetzen. Nach österreichischem Recht steht das Recht zur Bestreitung der Ehelichkeit eines Kindes ausschließlich dem Ehemann der Mutter zu; es ist an eine Ausschlußfrist von drei Monaten nach Kenntnis von der Geburt des Kindes gebunden. Nur wenn der Ehemann der Mutter vor Ablauf der Anfechtungsfrist gestorben ist, kann das Kind selbst die eheliche Geburt mit Zustimmung der Mutter bestreiten, muß aber die Klage vor Ablauf eines Jahres nach seiner Volljährigkeit erheben. Diese Vorschriften waren klar und einer abweichenden Auslegung nicht zugänglich. Durch die Abweisung der Klage war aber nur entschieden, daß die Klägerin nicht zur Familie des verstorbenen Ehemanns ihrer Mutter gehörte; nicht entschieden war dagegen die Frage der blutmäßigen Abstammung der Klägerin. Diese Frage kann nach der Entwicklung, welche die reichsgerichtliche Rechtsprechung in den letzten Jahren genommen hat, den Gegenstand eines besonderen Feststellungsprozesses bilden, wenn ein rechtliches Interesse an der Feststellung gegeben ist. Die von der Klägerin erhobene Klage konnte als eine solche Feststellungsklage aufgefaßt werden; ihr Antrag auf Feststellung, daß sie nicht der Ehe ihrer Mutter entstamme, konnte zwanglos in dem Sinne gedeutet werden, daß sie die verneinende Feststellung verlangte, blutmäßige Beziehungen zwischen ihr und dem Ehemann ihrer Mutter beständen nicht. Das Reichsgericht trug auch kein Bedenken, den zur Verteidigung der ehelichen Geburt bestellten Kurator auch für die Klage auf Feststellung der blutmäßigen Abstammung der Klägerin als den richtigen Beklagten anzusehen. (VIII, 2. Oktober 1939.)

Amtl. Sammlg. S. 325--329.

Vgl. Bd. 152 S. 390; Bd. 160 S. 293; JW. 1939 S. 245.

61. Grundstückskauf. Verkäuferhaftung. Sacheigenschaft. Positive Vertragsverletzung. Schadenersatz. (BGB. §§ 276, 459, 826.) Eine Frau erwarb im Jahr 1936 ein Baugrundstück in der Größe von 4 Ar und errichtete darauf ein Wohnhaus. Bei den Verhandlungen zeigte ihr der Verkäufer einen Bebauungsplan vor, wonach die anstoßenden Grundstücke nicht bebaut werden durften, so daß von dem Kaufgrundstück ein freier Ausblick auf einen bewaldeten Berghang gesichert war. Im folgenden Jahr erwarb der Verkäufer eines der Nachbargrundstücke, erwirkte eine Änderung des Bebauungsplans und baute darauf ein Wohnhaus mit einem freistehenden Kraftwagenschuppen. Die Frau klagte auf Schadenersatz. In zwei Rechtszügen wurde die Klage abgewiesen. Das Reichsgericht verwies die Sache zurück. Auf die Gewährleistungspflicht des Verkäufers ließ sich die Klage nicht stützen. Im Gegensatz zu der Auffassung der Untergerichte erkannte allerdings das Reichsgericht als eine Eigenschaft des Kaufgrundstücks an, daß es einen freien Ausblick auf den waldigen Abhang des nahen Berges eröffnete und daß dieser Ausblick nicht durch Bebauung des dazwischen liegenden Geländestreifens beeinträchtigt werden konnte. Unter Eigenschaft der Kaufsache ist zunächst alles zu begreifen, was zu ihrer natürlichen, körperlichen Beschaffenheit gehört. So ist Eigenschaft eines zur Bebauung bestimmten Grundstücks ein die Bebauung ermöglichender Baugrund. Aber auch zur Umwelt, in welche die Sache hineingestellt ist, bestehen Beziehungen tatsächlicher, wirtschaftlicher oder auch rechtlicher Art, die sich als Eigenschaften der Sache darstellen können. Das ist der Fall, wenn derartige Beziehungen in der Beschaffenheit der Sache selbst ihren Grund haben, von ihr ausgehen und nach ihrer Art und vorausgesetzten Dauer zufolge der Verkehrsanschauung den Wert oder die Gebrauchstauglichkeit beeinflussen. So ist die Lage eines Grundstücks, das Verhältnis eines Stückes Erdoberfläche zu anderen Stücken, eine Eigenschaft, weil dieses Verhältnis für Wert und Gebrauchsmöglichkeit von Bedeutung ist. Beispielsweise ist es als Eigenschaft eines Wohngrundstücks erachtet worden, daß es unmittelbar an einen See angrenzte und so die Annehmlichkeit bot, die mit dem Wohnen in einer landschaftlich schönen Lage dieser Art verbunden ist. Dagegen ist die früher vom Reichsgericht vertretene Auffassung, daß das aus einer Grunddienstbarkeit hergeleitete Recht auf Untersagung der Bebauung eines Nachbargrundstücks eine Eigenschaft des herrschenden Grundstücks darstelle, seit langer Zeit aufgegeben worden. Im vorliegenden Falle war aber die Unbebaubarkeit der Grundstücke, die zwischen dem Kaufgrundstück und dem bewaldeten Berghange lagen, nur das Mittel, um dem Kaufgrundstück den Vorzug seiner landschaftlich schönen Lage unverkürzt zu erhalten. Diese Lage war das Wesentliche; sie war auch, da sie sich aus dem behördlichen Bebauungsplan ergab, in der Vorstellung der Vertragsparteien von solcher Bedeutung, daß sie nach der Verkehrsanschauung das Urteil über Wert und Gebrauchstauglichkeit des Grundstücks mitbestimmen konnte. Ein Fehler der Kaufsache liegt vor, wenn ihr eine Eigenschaft mangelt, die sie haben muß, um zu dem gewöhnlichen Gebrauch — oder, wenn ein davon abweichender Gebrauch vertraglich vorausgesetzt ist, für diesen — vollkommen tauglich zu sein. Ein solcher Fehler ist von dem Verkäufer zu vertreten, wenn er die Gebrauchstauglichkeit oder den Wert der Sache aufhebt oder nicht bloß unerheblich mindert. Der gewöhnliche Gebrauch des Kaufgrundstücks war durch die Bebaubarkeit des Hinterlandes nicht beeinträchtigt. Die Klägerin hatte das Grundstück erworben, um in einem darauf errichteten Einzelhause zu wohnen; das war ihr nach wie vor möglich. Freie Lage zum Grünnen hin, unbehindert durch trennende Bauten, gehört nicht zum Wesen eines der Einzelbebauung erschlossenen Grundstücks. Die Raumnot des deutschen Volkes zwingt zu haushälterischer Verwendung des vorhandenen Bodens, auch wenn er der Bebauung dient; wer eine Baustelle von rund 4 Ar erwirbt, kann nicht ohne weiteres erwarten, daß das Nachbarland dauernd von Bauten freibleibt. Im vorliegenden Falle war aber ein dauerndes Freibleiben des Hinterlandes von ausblickbehindernden Bauten vertraglich vorausgesetzt. Bei einem vertraglich vorausgesetzten Gebrauch ist es dieser, der die vom Käufer zu beanspruchende Beschaffenheit der Sache bestimmt. Die Sache ist fehlerhaft, wenn sie eine Eigenschaft und selbst einen Vorzug nicht hat, den die Vertragsparteien beim Kaufabschluß als vorhanden voraussetzten. Dieser Fehler haftete dem Grundstück schon im Zeitpunkt des Gefahrübergangs an. Damals war allerdings die Bebauung des Hinterlandes durch den Bebauungsplan ausgeschlossen; dieser war aber nicht unabänderlich und die Möglichkeit der Änderung war schon zur Zeit des Gefahrübergangs gegeben. Aus der Fehlerhaftigkeit des Grundstücks ergab sich aber nur ein Anspruch auf Wandelung oder Minderung des Kaufpreises. Keiner dieser Ansprüche war erhoben; die Klagsumme überstieg den Kaufpreis ganz erheblich. Ein Schadenersatzanspruch, wie ihn die Klägerin erhoben hatte, würde aus der Gewährschaftspflicht des Verkäufers nur hervorgehen, wenn dieser den Fehler arglistig verschwiegen oder wenn er die Eigenschaft der Unbebaubarkeit des Hinterlandes der Klägerin zugesichert oder arglistig vorgetäuscht hätte. Arglist kam nicht in Frage. Die dafür beweispflichtige Klägerin gab selbst die Möglichkeit zu, daß der Beklagte beim Kaufabschluß das Hinterland für unbebaubar hielt. Die Klägerin konnte auch keine befriedigende Erklärung dafür geben, weshalb die Vertragsurkunde über die nach ihrer Behauptung geradezu grundlegende Zusicherung der Unbebaubarkeit schwieg. Stillschweigende Zusicherungen sind zwar rechtlich möglich, aber doch selten anzunehmen; jedenfalls gelten vorausgesetzte Eigenschaften nicht schon als zugesicherte. In der Zusicherung einer Eigenschaft liegt die Übernahme der Gewähr für das Vorhandensein der Eigenschaft und das Versprechen, für alle Folgen einzustehen, wenn sie fehlt. Jedenfalls hatte die Klägerin die tatsächliche Vermutung der Richtigkeit und Vollständigkeit der Beurkundung gegen sich; die eingehend begründete Annahme des Berufungsgerichts, daß diese Vermutung nicht widerlegt sei, begegnete keinen rechtlichen Bedenken. Vom Standpunkt der Gewährschaftshaftung des Verkäufers für Sachmängel blieb hienach auch für eine Prüfung, ob die Klage sich ganz oder teilweise mit einer Erschütterung der Geschäftsgrundlage oder mit Verschulden des Beklagten beim Vertragsschluß begründen ließ, kein Raum. Dagegen konnte ein Anspruch der Klägerin aus positiver Vertragsverletzung oder ein Anspruch aus unerlaubter Handlung bestehen. Eine positive Vertragsverletzung liegt vor, wenn der Schuldner durch schuldhafte Verletzung der Leistungspflicht dem Gläubiger einen über das Erfüllungsinteresse hinausgehenden Schaden verursacht oder die Erreichung des Vertragszwecks derart gefährdet, daß dem Gläubiger die Fortsetzung des Vertragsverhältnisses nicht zugemutet werden kann. Beiden Fällen ist eine Verletzung der Schuldnerpflicht gemeinsam; für sie wird aus dem Vertrag gehaftet. Eine vertragliche Haftung endet aber in der Regel mit dem Vertrag; hier dagegen fiel das Verhalten des Beklagten, auf das die Klage gestützt wurde, in die Zeit nach vollständiger Abwicklung des Vertragsverhältnisses. Immerhin läßt das durch vollständige Erfüllung herbeigeführte Ende des Vertrags noch gewisse Nachwirkungen der vertraglichen Bindung bestehen bleiben. Es kommt entscheidend auf die besonderen Umstände des einzelnen Falles an. Wenn die Sachdarstellung der Klägerin zutraf, hatte sie das Grundstück unter der vom Beklagten geteilten besonderen Voraussetzung der Unbebaubarkeit des Hinterlandes gekauft. Dann war aber der Beklagte von dem Vorwurf positiven

Zuwiderhandelns gegen redlich verstandene Schuldnerpflichten nicht ohne weiteres entlastet, wenn er, nachdem die Klägerin im Vertrauen auf die vorausgesetzte Unbebaubarkeit des Hinterlandes auf dem Kaufgrundstück ein Wohnhaus errichtet hatte, selber schon im folgenden Jahre zur Bebauung des Hinterlandes schritt. Von der Verantwortung für ein vorsätzliches Zuwiderhandeln konnte ihn auch der Ausschluß der Gewährleistung im Kaufvertrage nicht befreien. Von den Vorschriften über unerlaubte Handlungen konnte nur § 826 BGB. anwendbar sein. Die Ersatzpflicht des Beklagten hing in diesem Falle davon ab, ob er entweder durch sein Verhalten beim Vertragsschluß oder aber durch die spätere Bebauung des Hinterlandes gegen die guten Sitten verstoßen hatte. Im ersten Punkte war der Beklagte durch die im Berufungsurteil getroffene Feststellung mangelnder Arglist entlastet. Wenn im zweiten Punkte sittenwidriges Tun anzunehmen sein sollte, wäre es nur aus dem vorangegangenen Verhalten des Beklagten beim Vertragsschluß zu begründen; denn daß er mit der Bebauung etwa absichtlich und planmäßig auf Schädigung der Klägerin ausgegangen sei, war nicht schlüssig behauptet worden. Nun verstößt aber die Verletzung einer Vertragspflicht, für sich allein betrachtet, noch nicht gegen die guten Sitten; also könnte es nicht den Tatbestand einer unerlaubten Handlung begründen, daß der Beklagte durch die Bebauung zu seinem von der Klägerin behaupteten früheren rechtsgeschäftlichen Verhalten in Widerspruch trat. (V, 5. Oktober 1939.)

Amtl. Sammlg. S. 330—341.

Vgl. Bd. 53 S. 200; Bd. 93 S. 71; Bd. 100 S. 155; Bd. 111 S. 298; Bd. 114 S. 139; Bd. 131 S. 343; Bd. 135 S. 339; Bd. 148 S. 286; JW. 1934 S. 2906; 1935 S. 1687.

62. **Reichsbahn. Fahrdienstleitung. Amtspflichtverletzung. Ausübung öffentlicher Gewalt.** (BGB. §§ 30, 31, 89, 823, 831, 839; WeimVerf. Art. 131; RG. vom 10. Februar 1937; RBahnG. vom 4. Juli 1939.) Eine Frau verunglückte dadurch, daß, während sie aus einem Eisenbahnwagen aussteigen wollte, der Zug sich in Bewegung setzte; sie fiel auf den Bahnsteig und brach sich einen Oberschenkel. Die Reichsbahn ersetzte ihr die Heilungskosten. Gemeinsam mit ihrem Ehemann klagte sie

weiter auf Ersatz für Einstellung einer Hilfskraft, auf eine Rente für verminderte Arbeitskraft und vermehrte Bedürfnisse, auf ein Schmerzensgeld und auf Feststellung, daß die Reichsbahn zum Ersatz künftigen Schadens verpflichtet sei. Das Berufungsgericht erkannte die Klage dem Grunde nach als gerechtfertigt an. Das Reichsgericht verwies die Sache zurück. Die Entscheidung des Berufungsgerichts stützte sich auf Art. 131 WeimVerf. in Verbindung mit § 839 BGB.; es lag ihr als Tatbestand zugrunde, daß der Fahrdienstleiter schuldhafterweise das Abfahrtzeichen gegeben habe, ehe alle Reisenden ausgestiegen waren. Der Annahme, daß der Fahrdienstleiter hiebei in Ausübung öffentlicher Gewalt gehandelt habe, trat das Reichsgericht nicht bei. Die Beförderung auf der Eisenbahn ist im Handelsgesetzbuch geregelt; sie ist bisher von Rechtslehre und Rechtsprechung einhellig als bürgerlichrechtlicher Werkvertrag aufgefaßt worden. Durch das Reichsbahngesetz vom 30. August 1924 wurde der Betrieb der im Eigentum des Reiches stehenden Eisenbahnen der Reichsbahngesellschaft übertragen; die Beamten der Reichsbahngesellschaft waren nicht Reichsbeamte. Durch das Reichsbahngesetz vom 4. Juli 1939 übernahm das Reich die Verwaltung; seitdem sind die Reichsbahnbeamten Reichsbeamte, die Erfüllung ihrer Aufgaben öffentlicher Dienst. Daraus ergibt sich aber noch nicht, daß die Personenbeförderung durch die Reichsbahn nicht mehr dem bürgerlichrechtlichen Geschäftskreis angehört. Auch andere Unternehmungen der öffentlichen Hand betätigen sich im bürgerlichrechtlichen Gebiet, z. B. die staatliche Forstverwaltung. Der Unfall ereignete sich schon vor der Übernahme der Eisenbahnen auf das Reich. Der Fahrdienstleiter handelte nicht in Ausübung hoheitlicher Gewalt; wenn er sich eine Amtspflichtverletzung zuschulden kommen ließ, haftete die Reichsbahn nicht nach Maßgabe des Art. 131 WeimVerf., sondern nach den §§ 30, 31, 823, 831 BGB., und zwar entweder schlechthin, sofern der Fahrdienstleiter als ihr verfassungsmäßig berufener Vertreter anzusprechen war, oder aber nur im Rahmen des nach § 831 BGB. möglichen Entlastungsbeweises. Zur Ausübung der Bahnpolizei gehörte die Regelung der Zugfolge keinesfalls. (III, 6. Oktober 1939.)

Amtl. Sammlg. S. 341—350.

Vgl. Bd. 86 S. 377; Bd. 139 S. 149; Bd. 151 S. 279; Bd. 155 S. 257, 333; Bd. 157 S. 228; Bd. 158 S. 83; Bd. 161 S. 174; JW. 1938 S. 2969.

63. **Verzicht auf Rechtsmittel.** (ZPO. §§ 514, 561, 566.) Schuldner einer Versicherungsgesellschaft verhandelten mit dieser wegen Senkung der Zinsen. Die Gesellschaft erklärte sich hiezu gegen Zahlung einer Entschädigung bereit. Nachdem die Entschädigung gezahlt war, senkte sie die Zinsen für alle Schuldner, auch für jene, die eine Entschädigung abgelehnt hatten. Zwei Gruppen der Schuldner, die Entschädigung gegeben hatten, klagten auf Rückzahlung. Das Landgericht sprach der Gruppe A eine Entschädigung von 2400 *RM*, der Gruppe B eine solche von 12000 *RM* zu. Das Berufungsgericht wies die zu gemeinsamer Entscheidung verbundenen Klagen ab. Die Gruppe A legte für sich und die Gruppe B Revision ein; für Gruppe B wurde nur die Zuerkennung von 6000 *RM* verlangt. Die beklagte Gesellschaft behauptete, die Gruppe A habe bei der Einlegung der Revision für die Gruppe B ohne Vollmacht gehandelt; die Gruppe B habe auf die Revision auch ausdrücklich verzichtet. Der Mangel der Vollmacht bei der Einlegung der Revision macht diese nicht unwirksam. Ein Handeln ohne Vertretungsmacht bei der Prozeßführung ist rechtlich möglich und bei späterer Genehmigung durch den Vertretenen für diesen voll wirksam; die Genehmigung hat rückwirkende Kraft. Daß eine solche Genehmigung erfolgt war, stand außer Streit. Der Zulässigkeit der Revision stand auch nicht entgegen, daß nach dem Revisionsantrag die Forderungen der Gruppen A und B je für sich die Revisionssumme nicht erreichten. Forderungen von Streitgenossen sind zusammenzurechnen. Doch genügt es nicht, daß die Revisionssumme bei Einlegung der Revision gegeben ist; sie muß auch noch bei Schluß der mündlichen Verhandlung vorhanden sein. Ist in der Zwischenzeit der Umfang des Beschwerdegegenstandes zufolge von Handlungen der Parteien oder anderen Ereignissen unter die Revisionssumme gesunken, so ist die Revision unzulässig geworden. Hatte also die Gruppe B auf Revision verzichtet, so war sowohl ihre Revision als auch jene der Gruppe A als unzulässig zu verwerfen. Zwischen den beiden Gruppen bestand keine Rechtsgemeinschaft, welche die Gruppe B hindern konnte, auf ihre Revision zu verzichten. Die Pro-

zeßverbindung kann jederzeit wieder gelöst werden, gibt also kein Recht auf Erhaltung eines in Gestalt der Revisionsmöglichkeit aus ihr erwachsenen verfahrensrechtlichen Vorteils. Durch den Verzicht auf die Revision wird dem entgegen dem Verzicht eingelegten Rechtsmittel die Grundlage dergestalt entzogen, daß das Rechtsmittel verfahrensrechtlich unzulässig ist. Diese Wirkung hat aber ein Verzicht nur, wenn er sich als unmittelbar zur Einwirkung auf den Rechtsstreit bestimmte Erklärung, als Verfügung über ein prozessuales Recht darstellt. Den Gegensatz dazu bildet die Eingehung einer Verpflichtung zum Verzicht auf die Einlegung eines Rechtsmittels, wie sie namentlich durch außergerichtlichen Vergleich übernommen wird. Ein solcher Vergleich beendet den Rechtsstreit nicht von selbst, sondern gewährt nur eine dem sachlichen Recht angehörende Einrede gegen die Fortsetzung des Rechtsstreits. Der Vertreter der Gruppe B hatte der Beklagten mitgeteilt, daß sich zufolge gewisser brieflicher Mitteilungen der Beklagten die Einlegung der Revision erledigt habe. Damit gab er den Entschluß kund, für die von ihm vertretenen Kläger die Anfechtung des Berufungsurteils endgültig aufzugeben. Ein nach Erlassung eines Berufungsurteils ausgesprochener Verzicht auf das Recht der Revision ist als einseitige Erklärung wirksam; diese kann formlos im Verkehr von Partei zu Partei abgegeben werden; nur muß der Wille, das Recht auf Anfechtung des Urteils aufzugeben, unzweideutig zum Ausdruck gebracht werden. Das war hier geschehen. Es machte nichts aus, daß das Schreiben des Vertreters der Gruppe B bei der Beklagten später eingegangen war als die Revisionsschrift beim Reichsgericht. Es gehört nicht zum Wesen des Verzichts auf ein Rechtsmittel, daß es bei Abgabe der Verzichterklärung noch nicht eingelegt war. Das Ziel des Rechtsmittels, die Nachprüfung der Vorentscheidung durch das übergeordnete Gericht, wird erst mit dessen Spruch erreicht; solange dieser nicht vorliegt, ist ein Verzicht auf das Rechtsmittel nicht ausgeschlossen. Der Verzicht geht weiter als die Zurücknahme des eingelegten Rechtsmittels; wird dieses innerhalb der dafür laufenden Frist von neuem eingelegt, so kann aus der Zurücknahme allein keine verfahrensrechtliche Einrede gegen die Zulässigkeit vorgebracht werden. Ein Verzicht macht das trotzdem eingelegte Rechtsmittel unzulässig. Ein Widerruf des Verzichts ist nur mit Zustimmung des Gegners möglich; eine Anfechtung in Anwendung der Vorschriften des Bürgerlichen Gesetzbuchs über Willensmängel ist ausgeschlossen. Wohl aber kann der auf ihn gegründeten Einrede der Gegeneinwand der unzulässigen Rechtsausübung entgegengehalten werden; das Prozeßverhältnis der Parteien wird ebenso wie ihre sachlichrechtlichen Beziehungen durch den Grundsatz von Treu und Glauben beherrscht. Was in dieser Richtung an Tatsachen vorgetragen worden war, reichte aber zur Begründung des Gegeneinwandes nicht aus. (V, 12. Oktober 1939.)

Amtl. Sammlg. S. 350—359.

Vgl. Bd. 44 S. 354; Bd. 59 S. 346; Bd. 64 S. 211; Bd. 86 S. 245; Bd. 103 S. 217; Bd. 105 S. 351; Bd. 107 S. 53; Bd. 113 S. 246; Bd. 116 S. 306; Bd. 123 S. 84; Bd. 128 S. 66; Bd. 142 S. 1; Bd. 146 S. 308; Bd. 150 S. 392; JW. 1912 S. 802, 991; 1935 S. 120; 1936 S. 2712, 3543.

64. Kraftwagenvermieter. Betriebsgehilfe. Verzicht. (ÖstKraftHG. §§ 1, 2, 4, 8; ÖstABGB. §§ 1008, 1304, 1313.) Bei einem gewerbsmäßigen Kraftwagenvermieter wurde ein Wagen zu einer Vergnügungsfahrt für einen Nachmittag gemietet. Mieter war eine kleine Gesellschaft; ein zu ihr gehöriger Berufsfahrer schloß den Vertrag ab und unterzeichnete eine Urkunde, worin auf jede Haftung des Vermieters für Unfälle verzichtet wurde. Der Mietpreis bemaß sich nach der Zahl der zurückgelegten Kilometer; wie er aufgebracht werden sollte, war nicht festgestellt worden. Der Berufsfahrer lenkte den Wagen. Durch sein Verschulden entstand ein Unfall, bei dem einer der Mitfahrer schwer verletzt wurde. Dieser klagte auf Schadenersatz gegen den Eigentümer des Wagens und gegen den Lenker. Der Eigentümer wandte ein, daß nicht er, sondern die Gesellschaft Betriebsunternehmer gewesen sei, daß er das Verschulden des Lenkers nicht zu verantworten habe und daß der Kläger unentgeltlich befördert worden sei. In zwei Rechtszügen drang die Klage durch. Das Reichsgericht setzte die Verurteilung des Eigentümers auf die Hälfte herab. Die Auffassung, daß der Mieter des Wagens, also die kleine Gesellschaft, zu der der Kläger gehörte, Betriebsunternehmer gewesen sei, ließ sich nicht halten. Betriebsunternehmer ist, wem der Betrieb des Wagens für eigene Rechnung und Gefahr überlassen wird. Wer im Falle der Vermietung eines Wagens Betriebsunternehmer ist, muß nach den Umständen beurteilt werden. Für die Eigenschaft des Erstbeklagten als Betriebsunternehmer sprach, daß er fortlaufend für Unterbringung, Instandhaltung und Versicherung des Wagens zu sorgen hatte, daß der Wagen der Gesellschaft nur für einige Stunden überlassen war und daß der Preis nach der Zahl der zurückgelegten Kilometer berechnet wurde, so daß gesagt werden konnte, daß der Wagen während der Fahrt zum Nutzen des Erstbeklagten betrieben wurde. Es wäre gekünstelt, bei der gewerbsmäßigen Vermietung eines Kraftwagens die vielen aufeinanderfolgenden Mieter als Betriebsunternehmer zu betrachten. Der Erstbeklagte hatte zwar auf die Gestaltung der Fahrt keinen Einfluß, blieb aber doch insofern Herr der Fahrt, als er den Wagen zu dieser Fahrt in der gewählten Zeit bestimmt hatte. Unrichtig war, daß das Berufungsgericht den Erstbeklagten für das Verschulden des Zweitbeklagten verantwortlich machte. Nach § 8 KraftHG. haftet der Eigentümer für das Verschulden der Personen, deren er sich beim Betriebe bedient, insoweit es sich um ihre Dienstleistung beim Betriebe des Fahrzeugs handelt. Hiebei ist nicht nur an Personen zu denken, die in einem Dienstverhältnis zum Eigentümer stehen; die Haftung umfaßt das Verschulden aller Personen, die im Auftrag des Eigentümers eine technische Verrichtung beim Wagen besorgen. Der Zweitbeklagte war aber nicht im Auftrag und zum Nutzen des Erstbeklagten, sondern für seine eigenen Belange tätig geworden. Das hatte zur Folge, daß eine Haftung des Erstbeklagten nur nach § 1 KraftHG. in Betracht kam. Diese war nach § 4 KraftHG. ausgeschlossen, wenn der Kläger ohne Entgelt befördert worden war. Das traf nicht zu. Das vom Zweitbeklagten für die Fahrt zu entrichtende Entgelt umfaßte die Beförderung aller Mitglieder der Gesellschaft. Daß der Zweitbeklagte auf alle Ansprüche aus dem Kraftfahrzeughaftungsgesetz verzichtet hatte, berührte den Kläger nicht, weil der Zweitbeklagte die für einen unentgeltlichen Verzicht erforderliche besondere Vollmacht nicht besessen hatte. Der Einwand des Erstbeklagten, daß der Kläger das Verschulden des Zweitbeklagten, den er als Wagenlenker ge-

wählt hatte, wie ein Selbstverschulden gegen sich gelten lassen müsse, war teilweise begründet. Als Mitmieter war der Kläger dem Beklagten gegenüber zur ordnungsmäßigen Benutzung des Wagens verpflichtet und haftete in dieser Hinsicht auch für das Verschulden des Zweitbeklagten, dessen er sich zur Erfüllung seiner Pflichten bei der Verwendung des Wagens bediente. Dementsprechend wurde der Schaden zur Hälfte geteilt. (VIII, 12. Oktober 1939.)
Amtl. Sammlg. S. 359—364.

65. **Wasserrecht. Ausbau des Wasserlaufs. Deichbau. Aufopferungsanspruch.** (PrWassG. §§ 152, 197; PrALR. Einl. § 75; WeimVerf. Art. 153.) Durch den beklagten Provinzialverband wurde eine Brücke über die Elbe gebaut; hiebei wurde auf Grundstücken des Verbandes, die dieser durch freihändigen Ankauf erworben hatte, ein Deich angelegt. Die Brücke wurde im Herbst 1933 eröffnet. Im Jahr 1937 klagte ein Bauer, der Wiesen jenseits des Deiches besaß, auf Schadenersatz, weil durch den Deich die frühere natürliche Düngung der Wiesen durch die Frühjahrshochwasser verhindert werde, während anderseits bei Hochwasser unter dem Deich das Drängwasser (Qualmwasser) in die Wiesen eindrang, und, da der Deich den Abfluß hemme, den Boden versaure. In allen Rechtszügen wurde die Klage abgewiesen. Die Vorschriften des Preußischen Wassergesetzes über den Ausbau von Wasserläufen konnten nicht zur Anwendung kommen, weil als Ausbau eines Wasserlaufes nur Arbeiten anzusehen sind, die über die Unterhaltung des Wasserlaufes und seiner Ufer hinausgehen und eine Verbesserung des bisherigen Zustandes zum Ziele haben. Im vorliegenden Falle wurde der Deich errichtet, um den neu angelegten Straßendamm vor Hochwassergefährdung zu schützen; er diente also nicht den Zwecken des Stromlaufes der Elbe, selbst wenn dieser dadurch eine Verbesserung erfuhr. Einen Anspruch auf Entschädigung für aufgeopferte Rechte konnte der Kläger nicht erheben, weil ein solcher Anspruch voraussetzt, daß in wohlerworbene Rechte, namentlich in das Eigentum, eingegriffen wurde; es genügt nicht, daß tatsächliche Vorteile, auf deren Fortbestand kein Anrecht besteht, entzogen werden. Aus seinem Eigentum heraus hatte der Kläger das Recht auf Beachtung der zu dessen Schutz, namentlich

im Nachbarrecht, gegebenen Vorschriften. Diese standen aber der Errichtung des Deiches nicht entgegen. Der beklagte Verband hielt sich hiebei innerhalb seines Eigentums und verletzte keine zum Schutz des Eigentums des Klägers gegebene Bestimmung. Für das wasserrechtliche Ausbauverfahren sind Vorschriften erlassen, durch die tatsächlich vorhandene Vorzüge wie Rechte geschützt werden; hiebei handelt es sich aber um Sonderbestimmungen, die nicht zur Anwendung kommen konnten, weil eben kein Wasserlaufausbau vorlag. Ob der Kläger das Eindringen des Qualmwassers zu dulden hatte, war nicht nach preußischem Wasserrecht zu beurteilen, da dieses keine Vorschriften über die bei der Anlegung eines Deiches sich ergebenden Beziehungen zu den dadurch betroffenen Grundstücken enthält. Auch aus allgemeinen Rechtsregeln ergab sich hiewegen kein Anspruch des Klägers auf Schadenersatz. Es handelte sich nicht darum, daß vom Grundstück des beklagten Verbandes, dem Deich, Wasser auf die Wiesen des Klägers geführt wurde und dort einsickerte; vielmehr behauptete der Kläger, daß durch den Deich der Abfluß des Qualmwassers gehemmt werde. Der Eigentümer eines Grundstücks ist aber nicht gehindert, es mit Anlagen zu versehen, die den Wasserablauf von einem Nachbargrundstück aus hemmen. Die Rechtslage wurde auch dadurch nicht geändert, daß der Deichbau von einer öffentlichrechtlichen Körperschaft zum allgemeinen Nutzen geschah. Eine solche Körperschaft ist mit ihrem Eigentum den Regeln des bürgerlichen Rechts unterworfen, sie kann es aber innerhalb dieser Schranken nach Belieben ausnützen. Gegenüber dem Staat wie auch gegenüber anderen öffentlichrechtlichen Verbänden gilt allerdings der Grundsatz, daß jemand, der zur Aufopferung seiner Rechte für das allgemeine Wohl genötigt wird, dafür zu entschädigen ist. Von einem solchen Opfer kann aber nur da die Rede sein, wo in ein rechtlich geschütztes Gut eingegriffen wird, wo der einzelne zum allgemeinen Nutzen etwas hingeben oder dulden mußte, was gegenüber einem anderen nicht erforderlich gewesen wäre. Ein solches Opfer lag hier nicht vor. Ob der beklagte Verband ersatzpflichtig wäre, wenn er in der Anlage des Deiches gegen die Regeln der Technik verstoßen hätte, konnte dahingestellt bleiben, weil der Deich nach landespolizeilich genehmigtem Plan unter Aufsicht des Wasserbauamts erbaut worden war. (V, 19. Oktober 1939.) Amtl. Sammlg. S. 364—372. Vgl. Bd. 8 S. 304; Bd. 28 S. 275; Bd. 64 S. 24; Bd. 103 S. 423; Bd. 113 S. 301; Bd. 126 S. 356; Bd. 134 S. 254; Bd. 145 S. 107; Bd. 149 S. 358; Bd. 155 S. 154; Bd. 156 S. 305; Bd. 159 S. 129; PrOVG. Bd. 10 S. 380; Bd. 74 S. 381.

66. Arbeitsgericht. Zuständigkeit. Revision. (TschechoslG. über die Regelung der Rechtsverhältnisse der Hausbesorger § 16; TschechoslG. über Arbeitsgerichte §§ 1, 3, 4; TschechoslG. vom 11. Dezember 1934 über Änderung der ZPO.; überlVO. §§ 4, 30.) Ein Hausbesorger klagte vor dem Amtsgericht Brüx, Abteilung für Arbeitsstreitigkeiten, auf Nachzahlung von unberechtigten Abzügen von seinem Gehalt. In zwei Rechtszügen hatte die Klage zum Teil Erfolg. Im Revisionsverfahren wurde die Zulässigkeit der Revision bejaht. Die Entscheidung von Streitigkeiten zwischen Hauseigentümer und Hausbesorger stand in der Tschechoslowakei den ordentlichen Gerichten zu. Wäre die Sache bei dem zuständigen Amtsgericht anhängig gemacht worden, so wäre ein weiterer Rechtsgang gegen das Urteil des Berufungsgerichts ausgeschlossen gewesen. Die Untergerichte hatten übereinstimmend die Zuständigkeit der Arbeitsgerichte angenommen. Nach dem tschechoslowakischen Gesetz vom 11. Dezember 1934 (17. Dezember 1936) kann gegen Entscheidungen des zweiten Rechtszuges in der Frage der Zuständigkeit kein Rechtsmittel eingelegt werden. Die Folge davon war, daß gemäß § 34 ArbGG. die Revision als zulässig angesehen werden mußte. (VIII, 19. Oktober 1939.) Amtl. Sammlg. S. 373—374.

67. Notar. Amtspflichtverletzung. Verjährung. (BGB. §§ 839, 853.) Beim Verkauf eines Grundstücks am 27. Juni 1925 wurde vereinbart, daß der Verkäufer es lastenfrei zu machen habe. Er kam seiner Verpflichtung nicht nach, obwohl der Käufer den Kaufpreis bezahlt hatte. Der Käufer nahm schließlich am 16. August 1928 die Auflassung trotz der Belastungen entgegen, um nicht alles zu verlieren. Aus zwei Eigentümergrundschulden, die an eine Sparkasse verpfändet waren, wurde die Zwangsversteigerung des Grundstücks betrieben; es ging auf diese Weise dem Käufer verloren. Über das Vermögen des Verkäufers wurde am 8. April 1929 das Konkursverfahren eröffnet; mangels Masse wurde es am 1. Juni 1935 eingestellt. Der Käufer klagte gegen den Notar auf Schadenersatz, weil er unter Verletzung seiner Amtspflicht unterlassen habe, ihn auf die aus den Eigentümergrundschulden drohenden Gefahren hinzuweisen. In allen Rechtszügen wurde die Klage wegen Verjährung abgewiesen. Über den Schaden und darüber, daß der Beklagte als ersatzpflichtig in Betracht komme, hatte der Kläger spätestens durch ein Schreiben des Konkursverwalters vom 13. Juni 1929 Kenntnis erhalten. Da nur fahrlässige Amtspflichtverletzung behauptet wurde, setzte die Schadenersatzklage voraus, daß der Verletzte nicht anderweitig Ersatz seines Schadens zu erlangen vermochte; die Verjährungsfrist begann also nicht zu laufen, solange die Möglichkeit anderweitigen Ersatzes gegeben war. In Betracht konnten allerdings nur schon vorhandene und durchführbare Möglichkeiten anderweitigen Ersatzes kommen; auf künftige Ersatzmöglichkeiten brauchte sich der Verletzte nicht verweisen zu lassen. Das Konkursverfahren stand der Erhebung einer Klage nicht entgegen, weil von vornherein feststand, daß es nicht in Kürze zur Befriedigung der nichtbevorrechtigten Gläubiger führen werde. Im Dezember 1930 teilte der Konkursverwalter dem Kläger mit, er könne nicht angeben, welcher Teilbetrag aus dem Konkurse zu erwarten sei; die gleiche Auskunft erteilte er ihm im Mai 1931. Hienach war die Verjährungsfrist des § 852 BGB. schon abgelaufen, als der Kläger am 6. Juli 1935 um Bewilligung des Armenrechts zur Erhebung der Schadenersatzklage nachsuchte. Einer Erörterung, wieweit das Armenrechtsverfahren die Klagefrist, falls sie noch im Lauf gewesen wäre, gehemmt hätte, bedurfte es nicht. Wenn sich der Kläger über die Möglichkeit der Klagerhebung und den Beginn der Verjährung in einem Rechtsirrtum befand, stand das der Verjährung nicht entgegen. (V, 19. Oktober 1939.)

Amtl. Sammlg. S. 375—377.

68. **Testamentserrichtung. Mündliche Erklärung.** (BGB. §§ 2238, 2241, 2242.) Ein Testament wurde in der Weise beurkundet, daß der Notar zunächst mit dem Erblasser allein verhandelte und die Urkunde entwarf; nach Zuziehung der Zeugen und Einfügung ihrer Namen in den Entwurf las er diesen dem Erblasser Satz für Satz vor

und vergewisserte sich nach jedem Absatz und schließlich nochmals am Schluß durch die Frage, ob das richtig sei, der Zustimmung des Erblassers, die dieser teils durch Worte, teils durch Gebärden zu erkennen gab. Alsdann unterzeichnete der Erblasser, lediglich an Arm und Hand unterstützt, mit seinem Namen. Auf die Klage eines der Erben, der bei gesetzlicher Erbfolge mehr erhalten hätte, stellte das Berufungsgericht die Ungültigkeit des Testaments fest. Das Reichsgericht wies die Klage ab. Im Anschluß an die bisherige Rechtsprechung hatte das Berufungsgericht dargelegt, daß das Gesetz ausdrücklich zwischen der mündlichen Erklärung des letzten Willens des Erblassers gegenüber der Urkundsperson, die allerdings auch durch Bejahung der von dieser an der Hand eines vorbereiteten Entwurfs gestellten Fragen geschehen könne, und der Verlesung und Genehmigung der von der Urkundsperson hierüber aufgenommenen Niederschrift unterscheide; daß im vorliegenden Falle den Testamentszeugen, die bei der ganzen Verhandlung zugegen sein müßten, nur die Urkunde vorgelesen und vom Erblasser bestätigt worden sei, habe den gesetzlichen Vorschriften nicht entsprochen. Das Reichsgericht erklärte, daß diese Auffassung mit den heutigen Anschauungen über die Bedeutung der Formvorschriften nicht mehr im Einklang stehe. Nachdem der Erblasser in Gegenwart der Zeugen in einer die Form der mündlichen Erklärung erfüllenden Weise sein uneingeschränktes Einverständnis mit dem verlesenen Entwurf äußerte, wäre es ein übertriebenes Hängen am Wortlaut des Gesetzes, wollte man verlangen, daß der Entwurf nochmals abgeschrieben oder auch nur ein zweites Mal vorgelesen und nochmal die Genehmigung des Erblassers eingeholt werde. Das Gesetz fordert keineswegs, daß der Erblasser seinen letzten Willen zweimal erklärt, sondern nur, daß er außer der mündlichen Erklärung der letztwilligen Bestimmungen auch die Richtigkeit der Niederschrift nach deren Vorlesung anerkennt. Das kann; wenn schon ein fertiger Entwurf vorliegt, recht wohl in einer Äußerung zugleich mit der Erklärung des letzten Willens selbst durch Bejahung entsprechender, mit Bezug auf die vorgelesenen Sätze des Entwurfs gestellter Fragen geschehen. Die Sicherung einer zuverlässigen Wiedergabe des Willens des Erblassers wird bei einem solchen Verfahren ausreichend ge-

währleistet. Eine ausdrückliche Erklärung, daß der Erblasser den aufgenommenen letzten Willen mündlich erklärt hat, ist nicht erforderlich, da der Gebrauch bestimmter Worte in der Niederschrift nicht vorgeschrieben ist und ein rechtsgeschäftlicher Wille, der nicht schriftlich erklärt wird, in aller Regel mündlich kundgegeben zu werden pflegt. Der Begriff der mündlichen Erklärung erfordert, daß der Erblasser den letzten Willen durch gesprochene, den mitwirkenden Personen verständliche Worte kundgibt; bloße Gebärden, wie Kopfnicken oder Kopfschütteln, reichen hiefür nicht aus. Im vorliegenden Falle hatte aber der Erblasser nach vollständiger Verlesung der einzelnen Bestimmungen des Entwurfs auf die Frage des Notars nach der Richtigkeit des Vorgelesenen sein Einverständnis mit Worten zu erkennen gegeben, auch wenn er dazwischen nur durch Gebärden zugestimmt hatte; durch die Bestätigung am Schluß wurden Form und Inhalt der ganzen Verhandlung gedeckt. (IV, 16. Oktober 1939.)
Amtl. Sammlg. S. 378—382.
Vgl. Bd. 85 S. 120.

69. Verfahren außer Streitsachen. Konkurs. (ÜberlVO. § 13.) Nach § 13 der Verordnung zur Überleitung der Rechtspflege im Lande Österreich und in den sudetendeutschen Gebieten vom 28. Februar 1939 entscheidet im Verfahren außer Streitsachen über den Rekurs gegen Entscheidungen der Landgerichte im Lande Österreich das Oberlandesgericht in Wien. Es kam in Frage, ob das Konkursverfahren als Verfahren außer Streitsachen anzusehen ist. Das Reichsgericht verneinte die Frage. Im Altreich wird der Konkurs als Teil des Vollstreckungsverfahrens behandelt. Es ist nicht anzunehmen, daß das für Österreich anders geregelt werden sollte. (VIII, 6. November 1939.) Amtl. Sammlg. S. 383—384.

70. Patent. Industrienorm. (PatG. §§ 6, 8, 47.) Für die Herstellung von Schmiernippeln mit halbkugeligem Endstück war ein Patent erteilt. Wegen Verletzung des Patents wurde Klage erhoben. Die Beklagten beriefen sich darauf, daß die von ihnen hergestellten Nippel den vom Deutschen Normenausschuß für solche Nippel veröffentlichten Vorschriften entsprächen. Das Reichsgericht entschied, daß dadurch das Vorgehen der Beklagten nicht gerechtfertigt werde. Allerdings wird jeder sich seiner Pflichten gegenüber der Volksgemeinschaft bewußte deutsche Hersteller die vom Deutschen Normenausschuß für verbindlich erklärten Normen beobachten, wenn auch eine öffentlichrechtliche Pflicht hiezu nicht besteht. Daraus folgt aber nicht, daß die Gegenstände, für die der Normenausschuß Normen vorgeschrieben hat, von jedermann ohne Rücksicht auf einen etwa bestehenden Patentschutz hergestellt werden dürfen. Nach § 8 PatG. ist die Reichsregierung berechtigt, den Patentschutz außer Kraft zu setzen, wenn die Erfindung zur Förderung des Wohles der Volksgemeinschaft benutzt werden soll. Ergeht eine solche Verfügung nicht, so bleibt der Patentschutz im vollen Umfang in Kraft. Die Mitwirkung des Patentinhabers bei der Aufstellung von Normen, die sein Patent berühren, könnte eine Zustimmung zur Benutzung des Patents durch jedermann nur dann bedeuten, wenn sein Wille, die Erfindung für die Allgemeinheit freizugeben, klar und unzweideutig zum Ausdruck käme. (I, 7. Juli 1939.)

Amtl. Sammlg. S. 385—387.

71. **Patent. Reichspost. Hoheitsrecht. Aufopferungsentschädigung. Verjährung.** (BGB. § 195; PatG. von 1891 §§ 5, 35, 39; von 1936 § 60.) Für eine Vorrichtung zum telephonischen Bestellen von Droschken mittels Fernsprecher, die auf Standplätzen aufgestellt werden sollten, war ein Patent erteilt. Am 29. April 1933 erlosch es. Die Reichspost hat in zahlreichen Städten auf öffentlichen Straßen und Plätzen Fernsprecheinrichtungen zum Herbeirufen von Droschken aufgestellt. Der Inhaber des Patents klagte gegen sie auf Schadenersatz. In zwei Rechtszügen wurde die Klage abgewiesen. Das Reichsgericht verwies die Sache zurück. Das Berufungsgericht hatte angenommen, daß etwaige Ansprüche des Klägers, soweit sie vor dem 4. April 1933 entstanden waren, verjährt, soweit sie später entstanden waren, durch Aufrechnung getilgt seien; die Klage war am 4. April 1936 erhoben worden und die Reichspost hatte aus einem früheren Rechtsstreit festgesetzte Kostenansprüche gegen den Kläger geltend gemacht. Das Reichsgericht erkannte als richtig an, daß die Frage der Verjährung nach dem früheren

Patentgesetz beurteilt worden war. Nach § 60 PatG. n. F. haftet, wer ein Patent vor dem Inkrafttreten des neuen Gesetzes verletzt hat, nach den bisherigen Bestimmungen; nach diesen ist also auch zu beurteilen, ob seine Haftung durch Verjährung hinfällig geworden ist. Die Verjährungsvorschrift des § 39 PatG. a. F. bezieht sich aber nicht auf Vergütungen, die der Patentinhaber beanspruchen kann, wenn seine Erfindung nach Bestimmung der Reichsregierung für Zwecke der öffentlichen Wohlfahrt benutzt wird. Eine ausdrückliche Bestimmung der Reichsregierung in diesem Sinne war allerdings nicht ergangen; die Vorschrift des § 5 Abs. 2 PatG. a. F. ist aber auch dann anwendbar, wenn das Reich ohne eine solche Bestimmung in Ausübung eines Hoheitsrechts in ein Patent eingegriffen hat. Die Vergütung stellt eine Entschädigung dafür dar, daß der Patentinhaber gezwungen ist, seine Rechte dem allgemeinen Wohl aufzuopfern. Dieser Anspruch verjährt erst in 30 Jahren. Das Berufungsgericht hatte nicht verkannt, daß die Verwaltungstätigkeit der Reichspost nicht als Ausübung eines privatwirtschaftlichen, auf Gewinn gerichteten Gewerbebetriebs angesehen werden könne; es hatte auch erkannt, daß die Reichspost bei der Aufstellung der Fernsprechanlagen zur Herbeirufung von Droschken in Ausübung eines Hoheitsrechts handelte, weil nur ihr das Recht zur Aufstellung solcher Einrichtungen zusteht; es hatte aber angenommen, daß sie bei dem Eingriff in das Patent des Klägers nicht in Ausübung öffentlicher Gewalt gehandelt habe. Das Reichsgericht erklärte es für unzulässig, eine einheitliche, in Ausübung öffentlicher Gewalt ausgeübte Tätigkeit in der Weise zu spalten, daß einzelne Vorgänge als Ausübung öffentlicher Gewalt, andere als Wahrnehmung bürgerlichrechtlicher Verrichtungen beurteilt werden. Es machte auch nichts aus, ob die Post bei der Einrichtung der Fernsprecher den Willen hatte, das Patent des Klägers in Benutzung zu nehmen. Patentrechte unterscheiden sich von anderen Privatrechten dadurch, daß ihre Grenzen häufig nur mit Schwierigkeiten ermittelt werden können. Deshalb kann leicht der Fall eintreten, daß Beamte des Reichs im besten Glauben der Meinung sind, den Schutzbereich eines Patents zu vermeiden, während in Wirklichkeit doch ein Eingriff vorliegt. Mit Rücksicht hierauf hat das Reichsgericht schon früher entschieden, daß zur Begründung der Entschädigungsklage gegen das Reich, wenn es in Ausübung öffentlicher Gewalt eine geschützte Erfindung in Benutzung nimmt, nur der Nachweis der Benutzung erbracht werden muß; auf den inneren Tatbestand kommt es nicht an. (I, 6. Oktober 1939.)

Amtl. Sammlg. S. 387—396.

Vgl. Bd. 55 S. 171; Bd. 79 S. 427; Bd. 102 S. 391; Bd. 156 S. 220; Bd. 158 S. 83; JW. 1930 S. 1925.

72. **Ehescheidung. Kosten.** (EheG. § 117; DurchfVO. § 81.) In Österreich wurde eine Klage auf Scheidung der Ehe von Tisch und Bett erhoben. Das Erstgericht gab der Klage statt und erklärte beide Teile für schuldig. Die Berufung beider Parteien blieb ohne Erfolg. Die Kosten wurden in beiden Rechtsgängen gegeneinander aufgehoben. Gegen das Urteil legte die Frau Revision ein und beantragte Abweisung der Klage. Inzwischen war das Ehegesetz in Kraft getreten. Der Kläger beantragte Fortsetzung des Verfahrens mit dem Ziele der Scheidung der Ehe nach neuem Recht. Während des Revisionsverfahrens starb er. Sein Vertreter erklärte, den Rechtsstreit nur noch wegen der Kosten fortzusetzen. Abweichend von dem sonst in Österreich geltenden Recht muß die Frage, ob und wem Kosten zu ersetzen sind, danach beantwortet werden, wie die Schuldfrage zu beurteilen gewesen wäre; diese Frage bildet aber nicht den Gegenstand der Entscheidung, sondern nur die Vorfrage für den Kostenersatz. Da es sich nicht um Überprüfung der Hauptsache handelt, finden die Vorschriften des Verfahrens über die Revision keine Anwendung; die Kostenentscheidung kann auf Grund nichtöffentlicher Sitzung ohne mündliche Verhandlung ergehen. (IV, 26. Oktober 1939.) Amtl. Sammlg. S. 396—398.

73. **Ehescheidung. Unheilbare Zerrüttung.** (EheG. § 55.) Die Parteien hatten im Jahr 1919 die Ehe geschlossen; aus dieser ging ein im Jahr 1920 geborener Sohn hervor. Seit dem 1. Juli 1927 lebten sie getrennt. Bis zum Jahr 1932 äußerte der Kläger gelegentlich die Absicht, zu seiner Familie zurückzukehren. Seine Klage auf Scheidung aus § 55 EheG. wurde in zwei Rechtszügen abgewiesen. Das Reichsgericht schied die Ehe. Ob der Kläger

bis zum Jahr 1932 zur Fortsetzung der Ehe bereit war, konnte nicht ins Gewicht fallen, da er seitdem keinen einzigen Annäherungsversuch mehr gemacht hatte. Die Möglichkeit, daß bei ihm im Falle der Versagung der Scheidung wahre eheliche Gesinnung zurückkehren werde, lag derart fern, daß ihre Berücksichtigung eine Überspannung der im § 55 EheG. aufgestellten Anforderungen bedeuten würde. Der Widerspruch der Frau verdiente unter solchen Umständen keine Beachtung. Es ist sittlich gerechtfertigt, eine Ehe zu scheiden, die aufgehört hat, eine Lebensgemeinschaft der Ehegatten zu sein, und zu einer ausgehöhlten und zwecklosen Rechtsbindung geworden ist. Der Sohn der Parteien bedurfte nicht mehr der Erziehung oder väterlichen Unterhaltsleistung; die Beklagte war 47 Jahre alt, also zu einer wirtschaftlichen Umstellung noch wohl imstande. Der Kläger stand seit Jahren in Beziehungen zu einer anderen Frau, die er heiraten wollte. Das Reichsgericht erklärte es für geboten, ihm die Möglichkeit hiezu zu geben. (IV, 26. Oktober 1939.)

Amtl. Sammlg. S. 398—400.

Vgl. Bd. 159 S. 306; Bd. 160 S. 144.

Gesetzesregister.

Seitenzahlen der amtlichen Sammlung.

1 1—6; **2** 6—10; **3** 10—12; **4** 12—18; **5** 18—19; **6** 19—23;
7 23—29; **8** 29—52; **9** 52—61; **10** 61—64; **11** 65—67; **12** 68—76;
13 76—86; **14** 86—90; **15** 90—92; **16** 92—94; **17** 94—100;
18 100—106; **19** 106—109; **20** 109—120; **21** 120—124;
22 124—125; **23** 125—127; **24** 127—128; **25** 129—145;
26 145—153; **27** 153—163; **28** 163—167; **29** 167—173;
30 174—183; **31** 184—192; **32** 193—196; **33** 196—199;
34 199—203; **35** 203—209; **36** 209—216; **37** 216—220;
38 220—222; **39** 222—225; **40** 226—229; **41** 229—234;
42 234—236; **43** 236—243; **44** 243—253; **45** 253—256;
46 257—259; **47** 259—262; **48** 262—266; **49** 266—267;
50 267—276; **51** 276—277; **52** 277—279; **53** 280—285;
54 286—288; **55** 288—296; **56** 296—301; **57** 301—308;
58 308—320; **59** 320—325; **60** 325—329; **61** 330—341;
62 341—350; **63** 350—359; **64** 359—364; **65** 364—372;
66 373—374; **67** 375—377; **68** 378—382; **69** 383—384;
70 385—387; **71** 387—396; **72** 396—398; **73** 398—400.

Sachregister.

Kolibri 360 GmbH
Ferdinand-Jühlke-Straße 7
99095 Erfurt, Deutschland
produktsicherheit@kolibri360.de